# मलयज

15 अगस्त, 1935 को ग्राम महुई, ज़िला–आज़मगढ़, उत्तर प्रदेश में जन्म।

परिमल और नई कविता से सम्बद्ध और 'पूर्वग्रह' के प्रारम्भिक सम्पादक मंडल के सदस्य। मूलत: कवि और अपनी डायरियों एवं आलोचना लेखों के लिए प्रसिद्ध, साहित्य के साथ-साथ सिनेमा, चित्रकारी और अन्य कलाओं में गहरी रुचि।

**प्रकाशित पुस्तकें :** *कविता से साक्षात्कार, संवाद और एकालाप, रामचन्द्र शुक्ल* (सं. नामवर सिंह) (आलोचना); *मलयज की डायरी* (तीन खंड, सं. नामवर सिंह) (डायरी); *ज़ख़्म पर धूल, अपने होने को अप्रकाशित करता हुआ* (कविता-संग्रह); *हँसते हुए मेरा अकेलापन* (सर्जनात्मक गद्य); *शमशेर* (सर्वेश्वरदयाल सक्सेना के साथ सम्पादित)।

लम्बी बीमारी के बाद 47 वर्ष की आयु में 26 अप्रैल, 1982 को दिल्ली में निधन।

# नामवर सिंह

**जन्म-तिथि :** 28 जुलाई, 1926। **जन्म-स्थान :** बनारस जिले का जीयनपुर नामक गाँव। 1941 में कविता से लेखक जीवन की शुरुआत। 1949 में काशी हिन्दू विश्वविद्यालय से बी.ए. और 1951 में वहीं से हिन्दी में एम.ए.। 1956 में पी-एच.डी. ('पृथ्वीराज रासो की भाषा')। 1959 में चकिया चन्दौली के लोकसभा चुनाव में भारतीय कम्युनिस्ट पार्टी के उम्मीदवार। 1959-60 में सागर विश्वविद्यालय (म.प्र.) के हिन्दी विभाग में असिस्टेंट प्रोफेसर। 1960 से 1965 तक बनारस में रहकर स्वतंत्र लेखन। 1965 में 'जनयुग' साप्ताहिक के सम्पादक बनकर दिल्ली पहुँचे। इस दौरान दो वर्षों तक राजकमल प्रकाशन (दिल्ली) के साहित्यिक सलाहकार। 1967-1990 तक 'आलोचना' त्रैमासिक का सम्पादन। 1970 में जोधपुर विश्वविद्यालय (राजस्थान) के हिन्दी विभाग के अध्यक्ष-पद पर प्रोफेसर के रूप में नियुक्त। 1971 में *कविता के नए प्रतिमान* पर साहित्य अकादेमी पुरस्कार। उसी वर्ष जवाहरलाल नेहरू विश्वविद्यालय (दिल्ली) के भारतीय भाषा केन्द्र में हिन्दी के प्रोफेसर के रूप में योगदान। आजीवन 'आलोचना' त्रैमासिक के प्रधान सम्पादक रहे।

**निधन :** 19 फरवरी, 2019

# रामचन्द्र शुक्ल

**मलयज**

सम्पादन एवं भूमिका
नामवर सिंह

उत्तर कथन
तरुण

राजकमल पेपरबैक्स

पहला पुस्तकालय संस्करण
राजकमल प्रकाशन प्राइवेट लिमिटेड द्वारा
1987 में प्रकाशित

राजकमल पेपरबैक्स में
**पहला संस्करण :** 2022
**दूसरा संस्करण :** 2024



---

**राजकमल पेपरबैक्स :** उत्कृष्ट साहित्य के जनसुलभ संस्करण

---

राजकमल प्रकाशन प्रा.लि.
1-बी, नेताजी सुभाष मार्ग, दरियागंज
नई दिल्ली-110 002
द्वारा प्रकाशित
**शाखाएँ :** अशोक राजपथ, साइंस कॉलेज के सामने, पटना-800 006
पहली मंजिल, दरबारी बिल्डिंग, महात्मा गांधी मार्ग, प्रयागराज-211 001
1, अनमोल सोराबजी संतुक लेन, धोबी तलाव, मरीन लाइंस, मुम्बई-400 002
वेबसाइट : www.rajkamalprakashan.com
ई-मेल : info@rajkamalprakashan.com

बी.के. ऑफसेट
नवीन शाहदरा, दिल्ली-110032
द्वारा मुद्रित

**मूल्य : ₹250**

RAMCHANDRA SHUKLA
*Criticism* by Malayaj
*Edited* by Namwar Singh

ISBN : 978-93-92757-75-4

रामचन्द्र शुक्ल

# क्रम

# सम्पादकीय विज्ञप्ति

मलयज साहित्य अकादमी की 'भारतीय साहित्य के निर्माता' पुस्तकमाला के अन्तर्गत आचार्य रामचन्द्र शुक्ल पर जो पुस्तिका लिख रहे थे, उसकी एक रूपरेखा सौभाग्य से उनके कागजों में मिल गई। वह रूपरेखा इस प्रकार है—

1. पृष्ठभूमि / आलोचना की हालत
2. जीवनवृत्त
3. सामान्य बनाम विशिष्ट / प्रकृत बनाम असाधारण
4. शुक्ल जी के तीन मोर्चे : रीतिवाद, रहस्यवाद और कलावाद
5. इतिहास और मूल्यांकन
6. सौन्दर्य की भोगभूमि और कर्मभूमि
7. उपसंहार

रूपरेखा पर 27.4.81 की तारीख टँकी है। ठीक एक वर्ष बाद मलयज दिवंगत हो गए। मृत्यु से पूर्व दो अध्याय उन्होंने पूरे कर लिये थे। 'पृष्ठभूमि' शीर्षक पहला अध्याय 1 दिसम्बर, 1981 को और 'जीवनवृत्त' शीर्षक दूसरा अध्याय 31 मार्च, 1982 को। ये दोनों अध्याय 'पूर्वग्रह' के 'मलयज स्मृति अंक' (जुलाई-अक्टूबर 1982) में प्रकाशित हो चुके हैं, क्रम अवश्य बदल गया है। यहाँ वे यथाक्रम प्रकाशित किए जा रहे हैं।

व्यवस्थित पुस्तक लिखने से पूर्व मलयज ने रामचन्द्र शुक्ल के विषय में 'मिथ में बदलता आदमी' शीर्षक एक लेख लिखा था। यह लेख दो किस्तों में 'पूर्वग्रह' के दो अंकों (जुलाई-अगस्त 1977 तथा सितम्बर-दिसम्बर 1977) में प्रकाशित हुआ था। प्रस्तावित पुस्तक की रूपरेखा की दृष्टि से इस निबन्ध में प्राय: वे सभी मान्यताएँ बीज रूप में आ गई हैं। इसलिए तीसरे अध्याय के रूप में यहाँ वह निबन्ध प्रकाशित किया जा रहा है जो एक तरह से उपसंहार का काम करता है।

प्रस्तावित पुस्तक के लिए मलयज ने काफी 'नोट्स' लिये थे, जिनमें से कुछ तो उनकी नियमित डायरी के हिस्से हैं और कुछ अलग से छोटे-छोटे कागज के टुकड़ों पर लिखे गए हैं। खोजबीन करने पर यह सामग्री सुलभ हो गई और देखने पर मालूम हुआ कि ये टिप्पणियाँ आचार्य शुक्ल के विषय में मलयज के विचारों का खाका पेश करने में सहायक हो सकती हैं। निश्चय ही इनमें से कुछ का उपयोग पूर्ववर्ती लेखों में कर लिया गया है, फिर भी ऐसी टिप्पणियाँ काफी हैं जिन्हें विकसित करने का कार्य रह गया था। पुनरावृत्ति के बावजूद ये सारी टिप्पणियाँ कालक्रम से यथावत प्रकाशित की जा रही हैं। इन टिप्पणियों के महत्त्व के बारे में विशेष रूप से कुछ कहने की आवश्यकता नहीं है। कुछ अत्यन्त मौलिक विचार स्फुलिंगों की झलक देने के अतिरिक्त ये एक मननशील आलोचक की गहन चिन्तन-प्रक्रिया को भी आलोकित करती हैं। इनमें से कुछ टिप्पणियाँ अप्रैल-जून '85 की 'आलोचना'-73 (शुक्ल अंक) में प्रकाशित हो चुकी हैं।

प्रस्तुत पुस्तक आचार्य शुक्ल के विषय में मलयज की समस्त प्रकाशित-अप्रकाशित सामग्री का संकलन है।

यह सारी सामग्री स्वर्गीय मलयज की पत्नी ज्योत्स्नाजी के सहज सौजन्य का फल है। सुझाव और आग्रह निश्चय ही मेरा था, किन्तु जिस विश्वास के साथ उन्होंने अपने पति के सारे अपेक्षित कागज-पत्र इस काम के लिए सौंप दिए, उसके लिए कृतज्ञता का शब्द कुछ कम मालूम होता है।

मेरे प्रिय शिष्य संजय चौहान ने बड़ी निष्ठा से पेंसिल और कलम से लिखी हुई टिप्पणियों की सुलेख प्रतिलिपि तैयार की है। दरअस्ल, इस काम को वही कर भी सकते थे क्योंकि वे मलयजजी की बारीक लिखावट से भली-भाँति परिचित थे। कहीं-कहीं पढ़ने में कठिनाई अवश्य हुई, पर सन्दर्भ के अनुसार मूल पाठ की जाँच करने पर समस्या सुलझा ली गई। इस धर्म-कार्य के लिए संजय को स्नेहाशीष।

संकल्प तो इस पुस्तक को आचार्य शुक्ल के जन्मशती वर्ष में ही प्रकाशित करने का था, किन्तु खेद है कि अपनी अपरिहार्य व्यस्तताओं के कारण मैं यह कार्य समय से सम्पन्न न कर सका।

आशा है, यह पुस्तक लघु एवं अपूर्ण होते हुए भी आचार्य रामचन्द्र शुक्ल सम्बन्धी चिन्तन को एक नया आयाम प्रदान करेगी। मुझे यह कहने में तनिक भी सन्देह नहीं कि यह पुस्तक एक दृष्टि-सम्पन्न, संवेदनशील और समर्थ समालोचक की भावयित्री प्रतिभा का स्थायी स्मारक है।

जवाहरलाल नेहरू विश्वविद्यालय

**—नामवर सिंह**

24.8.87

# मलयज की संघर्ष-मीमांसा

नामवर सिंह

आचार्य रामचन्द्र शुक्ल के बारे में एक और किताब नहीं, यह एक नई 'रस-मीमांसा' है। यदि "आज की रस-मीमांसा कविता की पंक्तियों में लिखी जा रही संघर्ष-मीमांसा है" तो आलोचना में यह मलयज की 'संघर्ष-मीमांसा' का खाका है। संघर्ष में मलयज' के हीरो रामचन्द्र शुक्ल हैं और रामचन्द्र शुक्ल का हीरो 'सामान्य मनुष्य'। मोर्चे पर दूसरी तरफ है, आज की भोगवादी संस्कृति की कविता।

मलयज को इस भोगवादी संस्कृति का तीखा एहसास पहले-पहल 1975 की 'इमर्जेंसी' में हुआ। शुक्ल जी की 'रस-मीमांसा' पढ़ते हुए, खासतौर से 'काव्य के विभाग के अन्तर्गत 'आनन्द की साधनावस्था' और 'आनन्द की सिद्धावस्था' वाले प्रकरण में, अपनी डायरी में मलयज ने अंकित किया :

"आज का परिवेश उपभोगमय हो रहा है।

"राजनीतिक स्तर पर 'उपलब्धि के वर्ष' (A Decade of Achievements; Gains of Emergency) की सारी शब्दावली पुकार-पुकारकर कह रही है कि हमने चौतरफा उपलब्धियाँ हासिल कीं...आपातकाल की उपलब्धियों के हवाले से एक ओर आपातकाल की व्यवस्था को लागू रखने का तर्क दिया जा रहा है तो दूसरी ओर...साहित्यिक पत्रिकाओं के पृष्ठ यह बताने लगे हैं कि 'साहित्य में सन्नाटा' नहीं है—एक के बाद दूसरे शहर यही सिद्ध करने में लगे हैं।...

"ऐसे में कला की बारीक कतरन और सूक्ष्मातिसूक्ष्म संवेदना की कलात्मक हरकतें उस उपभोग पक्ष को ही रेखांकित करती हैं। क्योंकि यह कलाचेष्टा चीजों को सजाकर, सँवारकर रखने पर बल देती है तो यह मानकर कि कला अपनी बुनियादी जरूरत—जन चेतना में हिस्सेदारी पूरा कर चुकी है, मूल्यों के परीक्षण,

अनुवीक्षण, अन्वेषण का क्रम पूरा हो चुका है और महल के कँगूरे रचने और नक्काशी करने की फुरसत का समय आ गया है।...खतरनाक सवाल पूछने का क्रम थम गया है, बल्कि अब उन सवालों को लेकर आराम से मसखरेबाजी करने का रवैया आम होता जा रहा है।

"ऐसा उस सुविधाभोगी वर्ग में हो रहा है जो विश्वविद्यालय की कुर्सियों पर है, प्रशासनिक सेवाओं में है, साहित्य-कला संस्थानों में है, हर जगह है जहाँ कला का मूल्य वसूला जा सकता है, जहाँ कला से खाने-पीने और ओढ़ने-बिछाने का काम लिया जाता है। ऐसी जगहों पर सन्तुष्टि है, सवालों से बचाव है, उपभोग पर बल है।"

मलयज के इस एहसास का ठोस तात्कालिक आधार है, अशोक वाजपेयी का उन्हीं दिनों दिया हुआ एक वक्तव्य। इसका स्पष्ट उल्लेख करते हुए वे इसी क्रम में लिखते हैं—

"इस परिप्रेक्ष्य में अशोक वाजपेयी के ये शब्द कितने सार्थक हो उठते हैं : 'पहले के मुकाबले शायद अब ऐसे नागरिक अधिक हैं जिनके लिए उनका समय सिर्फ़ राजनैतिक गतिविधियों, राजनेताओं और आर्थिक उथल-पुथल का नहीं है बल्कि वह ऐसा समय है जिसमें कुमार गन्धर्व गाते हैं, उस्ताद अली अकबर सरोद बजाते हैं, यामिनी कृष्णामूर्ति 'अन्तरिक्ष को संक्षिप्त अनन्त में ढालते हुए' नाचती हैं, सत्यदेव दुबे या हबीब तनवीर नाट्य करते हैं, डी. जे. जोशी और रुद्र हांजी कलाकृतियाँ बनाते हैं और शमशेर, त्रिलोचन और श्रीकान्त वर्मा कविताएँ करते हैं। ...बात मध्यप्रदेश कला परिषद्, भोपाल के उत्सव 73 से उत्सव 75 की उपलब्धियों का जायजा लेते हुए कही गई है।"

इस वक्तव्य पर मलयज अन्त में यह टिप्पणी जड़ते हैं : "कलाओं का स्वाद लेने की जो शैली, जिस भाषा में बयान की गई है वह मंगलेश डबराल के शब्दों में 'क्या मसनद से उठँगकर आँख मूँदकर कला से आनन्दित होने की' शैली नहीं है?...शायद इसी स्थिति को महसूस कर शुक्ल जी को लगा था कि 'आनन्द' कला के रसास्वादन की प्रक्रिया को व्यक्त करने के लिए ठीक शब्द नहीं है। अशोक वाजपेयी कलाकर्म की जो भव्य तस्वीर पेश कर रहे हैं, उसमें लगता है, कला संघर्ष के अनुभव से प्राप्त होनेवाली वस्तु नहीं बल्कि 'नाच-तमाशे' की वस्तु-सी सुलभ है।"

मलयज का नैतिक साहस देखिए कि उन्होंने ये सारी बातें एक लेख की शक्ल में उन्हीं दिनों अशोक वाजपेयी के पास 'पूर्वग्रह' में प्रकाशनार्थ भेज दीं। यह और बात है कि उस लेख से 'इमर्जेंसी', अशोक वाजपेयी और मध्यप्रदेश कला परिषद्, भोपाल के नाम हटा दिए गए। कारण स्पष्ट है। वह लेख है 'मिथ में बदलता आदमी।' 'पूर्वग्रह के जुलाई-अगस्त और सितम्बर-दिसम्बर '77 के दो अंकों में प्रकाशित। यह

संघर्ष की शुरुआत थी, भोगवाद की कविता के खिलाफ। आपातकाल की राजनीति के खिलाफ भी क्योंकि दोनों के बीच कहीं-न-कहीं एक रिश्ता है।

भोगवाद की कविता के खिलाफ आचार्य शुक्ल ने भी संघर्ष किया था—स्वाधीनता आन्दोलन के दौरान। उस समय वह कलावाद के रूप में प्रकट हुआ था। इस कलावाद पर आक्रमण करते हुए शुक्ल जी ने घोषणा की थी : "काव्य को हम जीवन से अलग नहीं कर सकते। उसे हम जीवन पर मार्मिक प्रभाव डालनेवाली वस्तु मानते हैं। 'कला, कला के लिए' वाली बात को जीर्ण होकर मरे बहुत दिन हुए। एक क्या कई क्रोचे उसे फिर जिला नहीं सकते।"

लेकिन मलयज को साफ दिखाई दे रहा था कि "यहाँ शुक्ल जी की भविष्यवाणी सत्य न हुई। कलावाद को पुनर्जीवित किया गया—उनकी नाक के नीचे छायावाद में ही और आगे चलकर प्रयोगवाद—नई कविता में भी कलानुभूति पर अतिरिक्त जोर उसी कलावाद से ही रस ग्रहण करता है। नई समीक्षा में भी 'काव्य लोक', 'कला-संसार' आदि प्रत्यय स्पष्ट सूचित करते हैं कि कलानुभूति को एक स्वायत्तता का दर्जा दिया गया और जिन्होंने नहीं दिया, उन्हें सीधे-सीधे 'प्रचारवादी' (यानी प्रतिबद्धतावादी) कहने की राजनीतिक मुहिम भी चलाई गई।"

इसलिए कलावाद के खिलाफ संघर्ष आज भी ज़रूरी है। काव्य सिद्धान्त के स्तर पर देखें तो "कला-संसार और काव्यलोक की चर्चा में कविता को जीवनानुभूति से अलग विशिष्ट स्वायत्त मान लेने का विचार उतना नहीं है जितना बाह्य तत्त्व के सामने अन्तःतत्त्व को रखने का। बाह्य तत्त्व तो प्रगतिवाद के जमाने से ही मौजूद था, पर अन्तःतत्त्व की अवहेलना हुई थी। दूसरे नई परिस्थितियों में—व्यक्तिवाद के विकास के साथ—अन्तःतत्त्व की माँग बढ़ने लगी थी और अब उसकी अवहेलना न की जा सकती थी। नई समीक्षा की अगली चेष्टा इस बाह्य तत्त्व और अन्तःतत्त्व को एक नए समीकरण में बाँधने की है। शुक्ल जी की समीक्षा में भी बाह्य और अन्तःतत्त्व को बराबर वजन मिला है और उन्होंने इनका एक नया समीकरण भी दिया है। उनके इस समीकरण का नाम 'रसवाद' है।...अब जबकि स्थितियाँ पुनः बदली हुई हैं, हम शुक्ल जी के 'रसवाद' को ज्यों-का-त्यों स्वीकार नहीं कर सकते। हमें एक नया समीकरण रचना है।"

इसी समझ के साथ मलयज शुक्ल जी की आलोचना—आलोचनात्मक व्याख्या की ओर प्रवृत्त हुए।

शुक्ल जी के पास कलावाद का एक स्पष्ट विकल्प था, लोकमंगल की साधनावस्था का सिद्धान्त। सिद्धावस्था भोगभूमि है तो साधनावस्था कर्मभूमि। कर्मभूमि में कर्म का सौन्दर्य है, प्रयत्न का सौन्दर्य है। प्रयत्न की गति में सुन्दरता

रहती है, वह आगे चलकर सफल हो या विफल। विफलता में भी एक निराला ही विषण्ण सौन्दर्य होता है। करुणा इसका बीज भाव है। "शुक्ल जी के प्रयत्न पक्ष में एक टकराहट है, एक गति है, एक द्वंद्व है। यह द्वंद्व और टकराहट शुभ और अशुभ के बीच है और इससे उत्पन्न होनेवाला सौन्दर्य कर्मक्षेत्र का सौन्दर्य है और इस सौन्दर्य की गति स्थिर नहीं गत्यात्मक है। इसमें भावों का रूप सिर्फ़ कोमल, मधुर, शान्त नहीं है, उसकी छवि केवल रूप की दीप्ति, मधुरता और कोमलता तक ही सीमित नहीं है, उसमें एक प्रचंडता है। उसमें एक शान्त समवाय नहीं, क्रुद्ध सामंजस्य है। प्रयत्न पक्ष की कविता का केन्द्र सिर्फ़ व्यक्ति-मन की एकतान, एकात्म स्थिति नहीं है, बल्कि उसके बाहर के सम-विषम ताने-बाने से बुने हुए संघर्षमय भाव-जाल में है। उसमें भाव-व्यापार की विविधता है, असमानता है, ऊबड़-खाबड़पन है, एक बाह्योन्मुख संघर्ष चेतना है। एक उदग्र बेचैनी, एक कशमकश; स्थिर लयात्मकता नहीं। कुछ पाने की व्यग्रता; पा लेने पर अपने-आपमें तन्मय—डूब जाने की तन्द्रा नहीं।"

आचार्य शुक्ल के इस प्रयत्न पक्ष और कर्म-सौन्दर्य की संक्षिप्त रूपरेखा प्रस्तुत करने के बाद मलयज ने इसके आधार पर अपनी मनोवांछित कविता का स्वरूप भी स्पष्ट किया—अपनी खास शैली में : "भाषा के भीतर जो अनुभूति है, भाषा के बाहर वही कर्म है। कविता इन दोनों की सन्धि पर है। कविता सच्ची बनती है भाषा के भीतर की अनुभूति से और बड़ी बनती है भाषा के बाहर के कर्म से। बौने जीवन से बड़ी कविता नहीं पैदा होती, पर जीवन बौना कर्म की असिद्धि से नहीं, कर्म क्षेत्र की विविधता का अनुसन्धान न करने से बनता है। कर्म-विस्तार का हर रेशा एक नई सम्पृक्ति से जीवन के राग को वस्तु से बाँधता है, जो सिर्फ़ एक बिम्ब है उसे सत्य, जो महज एक चमकता अहसास है उसे प्रखर किरणोंवाला सूर्य बनाता है। कविता सीधा-सीधा कर्म नहीं, पर हमने जीवन में कर्म की जो दिशाएँ खोजी हैं, उनका वह फलक है।...कर्म की दिशाएँ, दिशाहीन कर्म नहीं। अनुभूति में से ही वे दिशाएँ अपने साथ कर्म को लेकर फूटें, फूटें और अनुभूति की सीमाओं को खोल दें ताकि वह जो स्मृति में बन्द है पिघले, पिघले और बहकर यथार्थ की धरती को चूमे...।"

कविता का यह चित्र आचार्य शुक्ल के कर्म-सौन्दर्य का पुनर्कथन-मात्र नहीं है। नया सृजन है। आज के सन्दर्भ में। मलयज का कर्म शुक्ल जी के 'कर्म' का अगला कदम है क्योंकि इसमें कर्म की दिशाओं की ओर भी संकेत है। बीज वही है, लेकिन वृक्ष और है।

कविता के लिए इस कर्म-सौन्दर्य का महत्त्व इस बात में है कि उससे कविता

में सम्भावनाएँ बढ़ती हैं, जबकि कर्म-च्युत भोगवादी कविता निरन्तर संकुचित होते जाने के लिए अभिशप्त है। मलयज ने स्पष्ट कहा है कि कविता बड़ी बनती है भाषा के बाहर के कर्म से। इस बात को और स्पष्ट करते हुए उन्होंने फिर कहा है कि कविता बड़ी होगी महज अनुभूति की चरितार्थता से नहीं, बल्कि अनुभूति की सम्भावना से; और अनुभूति की सम्भावना कर्म-क्षेत्र में है।

किन्तु कर्म की दिशा निश्चित करने के लिए उसे यथार्थ की ठोस भूमि पर उतारने की जरूरत है। सर्वविदित है कि आचार्य शुक्ल ने कलावाद के विरोध के साथ व्यक्तिवाद का भी विरोध किया था क्योंकि उनकी दृष्टि में व्यक्तिवाद ही कलावाद का मूल स्रोत है। इसलिए आचार्य ने व्यक्ति के विकल्प में लोक को, व्यक्ति धर्म के विरुद्ध लोक धर्म को और व्यक्ति हित के ऊपर लोकमंगल को प्रतिष्ठित करने का प्रयास किया था। मलयज ने प्रस्थान के रूप में आचार्य के मत को स्वीकार करते हुए अपना सूत्र लिखा : "उपभोग की कविता का बीज भाव 'व्यक्ति' है और संघर्ष की कविता का 'जन'।" उल्लेखनीय है कि भाष्य-क्रम में कर्म 'संघर्ष' हो गया और लोक 'जन'।

आज इस 'जन' और 'संघर्ष' को लेकर इतने प्रकार का शोर हो रहा है कि इन शब्दों के वास्तविक अर्थ धूमिल पड़ गए हैं। यहाँ तक कि 'व्यक्ति' भी 'जन' के मुखौटे लगाकर सामने आ रहा है। यह धोखा मलयज से अनदेखा न गया। उन्होंने सावधान करते हुए कहा कि व्यक्तिराग के ऐश्वर्य में आकण्ठ डूबी हुई कविता जनक्रान्ति के मंच से तीन सौ तीन बार नारे लगवा रही है। दोनों ही शब्दों का भोग लगा रहे हैं। "शब्द की जड़ें अर्थ के खूब भीतर खामोश उस हाहाकार तक नहीं पहुँच पातीं जो सामान्य जन है। शब्द शब्द तक ही रह जाता है। शब्द शब्द को ही चुनता है; उसे ही बजाता है। यह शब्द-बाजा कब तक बजेगा?'

यह चिन्ता की बात है। स्थिति काफी जटिल है। कविता में 'व्यक्ति' और 'जन' का भेद पहले की तरह स्पष्ट नहीं है। व्यक्तिवादी व्यक्ति का चेहरा तो साफ पहचाना जा सकता है, लेकिन एक चेहरा जनवादी व्यक्ति का भी है और जहाँ तक कविता में शब्दों का भोग लगाने का सवाल है, दोनों प्रकार के 'व्यक्ति' एक ही मंच से बोल रहे हैं।

कविता में इस 'जन' की जड़ों की तलाश के लिए मलयज पुनः आचार्य शुक्ल के लोक आधार की पड़ताल करने को अग्रसर होते हैं। कवि मलयज यह पड़ताल शब्द से आरम्भ करते हैं—शुक्ल जी की भाषा से; क्योंकि भाषा ही वह दर्पण है जो कवि या आलोचक के विचारों को ठीक-ठीक प्रतिबिम्बित करती है। किसी आलोचक के विचार कितने अनुभूत हैं, इसका बोध उसकी भाषा से ही होता है :

अनुभूत चिन्तन प्रक्रिया के हर दबाव, तनाव, क्रमभंग आदि का सूक्ष्मतम अंकन उसके वाक्यों के विन्यास और पद-रचना पर स्पष्ट देखा जा सकता है।

सबसे पहले शुक्ल जी को चिन्ता यह थी कि "अपनी भाषा की प्रकृति की पहचान न रहने के कारण कुछ लोग उसका स्वरूप ही बिगाड़ चले हैं। वे अंग्रेजी के शब्द, वाक्य और मुहावरे तक ज्यों-के-त्यों उठाकर रख देते हैं। यह नहीं देखने जाते कि भाषा हिन्दी हुई या और कुछ?" मलयज के अनुसार, शुक्ल जी की चिन्ता भाषा के प्रति एक शुद्धतावादी की चिन्ता नहीं, बल्कि अपनी अस्मिता बनाए रखनेवाले तत्त्वों की चिन्ता है। स्वतंत्र चिन्तन पराश्रित अथवा आरोपित भाषा में नहीं हो सकता।

'प्रकृत' शब्द पर शुक्ल जी का बहुत जोर है। 'प्रकृत' उनके मन को समझने की एक अच्छी कुंजी है। जिस साहित्य को वे फलता-फूलता देखना चाहते हैं, उसमें उन्हें 'देश के असली सामाजिक और गार्हस्थ जीवन' के चित्र होने चाहिए। 'असली', 'सामाजिक', 'गार्हस्थ'—इन शब्दों के भीतर झाँककर देखिए। असली नकली के वजन पर नहीं है, उसका मतलब है वास्तविक, तथ्यपरक, इस देश की मिट्टी-पानी से बना, कल्पना प्रसूत नहीं। सामाजिक व्यक्तिवाद के विरोध में खड़ा है, विस्तीर्ण और व्यापक, जिम्मेदार और नैतिक मूल्यों से सम्पृक्त। गार्हस्थ में एक सामान्य साधारण जन के मूल्य निहित हैं। यह है मलयज की पहचान।

निष्कर्ष यह कि "अपने समय को भरपूर, पूरी सम्पृक्ति के साथ जीने की आकांक्षा उनकी भाषा में बोलती है। भाषा में सम्पृक्ति है, मुहावरा है, ठोसपन है। प्रत्यय जो आते हैं वे एक निश्चित अर्थक्रम लिये हुए, एक स्पष्टता और पकड़ लिये हुए। एक देशीपन सर्वत्र है और वह देशीपन अपने समय के साथ—अपने समय के देश के साथ—होने का सबूत है।"

इस भाषा का आधार है, लोक जीवन से सम्पृक्ति। प्रकृत भाषा प्रकृत जीवन से ही सम्भव है। 'लोक' आचार्य शुक्ल के लिए एक अवधारणा या विचार मात्र नहीं। उनका संस्कार है, अनुभूत सत्य है। इसका श्रेय बहुत कुछ उन्नीसवीं सदी के अन्त और बीसवीं सदी के आरम्भ के उस गँवई परिवेश को है, जिसमें शुक्ल जी पले और बड़े हुए। यह एक ऐसा स्थिर समाज था जिसमें सम्बन्ध—मनुष्य के मनुष्य के साथ, मनुष्य के प्रकृति के साथ—सम्पुष्ट, दृढ़ और एकजुट होते हैं। आज के औद्योगिक एवं अनस्थिर समाज की तरह विषमता-मूलक खंड-खंड और अस्त-व्यस्त नहीं। समय एक तरह से स्तब्ध था। जीवन की गति की लय वही थी। संस्कारशील लय। यह लय बनी थी परम्परा से, समाज व्यवस्था से; यह लय जुड़ी थी प्रकृति से, प्रकृति और मनुष्य के सहज सम्बन्ध से। मलयज को इन बातों का

अहसास चन्द्रशेखर शुक्ल की लिखी हुई आचार्य शुक्ल की जीवनी पढ़ने पर हुआ और लगा कि उनका प्रसिद्ध प्रकृति-प्रेम वस्तुतः इस जीवन-पद्धति से लगाव का सूचक है। इसलिए मलयज यहाँ तक कहने के लिए प्रस्तुत हैं कि "शुक्ल जी की काव्य सम्बन्धी अनेक धारणाओं का मूल और फल प्रकृति के विभिन्न व्यापारों का निरीक्षण और उनकी रागात्मक सम्पृक्ति ही है। प्रकृति उनकी साहित्य चिन्ता का संस्कार है, यह संस्कार उनमें दृढ़ हुआ अपने समय में उपलब्ध मनुष्य और प्रकृति के उसी सहज एकात्म और परस्पर निर्भर सम्बन्ध से।"

लेकिन इसका यह अर्थ नहीं कि शुक्ल जी गँवई गाँव के एक किसान थे। मिर्ज़ापुर की रमई पट्टी उनके व्यक्तित्व का एक पहलू है, दूसरे पहलू का सम्बन्ध काशी से है और उनके जीवन का काशी खंड किसी तरह कम महत्त्वपूर्ण नहीं है। सच तो यह है कि जीवन का अधिकांश उन्होंने काशी में ही बिताया। उनकी समस्त प्रौढ़ कृतियों की सृजन भूमि तो काशी ही है। मलयज ने ठीक ही लक्षित किया है कि जीवन और चिन्तन के क्षेत्र में जो घात-प्रतिघात उन्हें काशी काल में झेलने पड़े उनसे ही उनकी वास्तविक प्रतिभा का निर्माण हुआ।

किन्तु यह नहीं भूलना चाहिए कि "उस जमाने की शिक्षा का प्रसार, नए ज्ञान-विज्ञान का उदय मध्यवर्गीय जाग्रत समाज को खींचता था, पर उसे जड़ों से उच्छिन्न नहीं कर देता था। उसके सामने एक ओर पश्चिम का नया ज्ञान था, दूसरी ओर अपनी विपुल संस्कृत परम्परा का शास्त्रीय भंडार। अपने विद्यानुरागी स्वभाव (कर्म की निष्ठा; शिक्षक है तो शिक्षक का कर्म, आलोचक है तो आलोचक का कर्म, कवि है तो कवि का कर्म) के कारण वह दोनों का लाभ उठाता था। रामचन्द्र शुक्ल उस जमाने के ऐसे ही **मध्यवर्गीय** युवक थे। विद्वान, कर्मवीर, तत्त्वान्वेषक।"

इस प्रकार शुक्ल जी का व्यक्तित्व एक संश्लिष्ट व्यक्तित्व था, अपने संस्कारों से प्राप्त और परिवेश-अर्जित तत्त्वों का अनोखा समवाय। इसमें गाँव भी था और शहर भी। पूर्व भी और पश्चिम भी, लेकिन कुल मिलाकर था यह मूलतः देसी ही। इसीलिए मलयज का सबसे ज़्यादा जोर शुक्ल जी के इस ठेठ देसीपन पर है। उनके कागजों में एक जगह यह टीप है : प्रस्तावित लेख का शीर्षक रामचन्द्र शुक्ल : एक भारतीय आत्मा।

वह लेख उन्होंने नहीं लिखा, लेकिन जो लिखा उसका शीर्षक है—'मिथ में बदलता आदमी'। यह मिथ में बदलता आदमी कौन है? वही 'भारतीय आत्मा' तो नहीं जिसकी एक छवि स्वयं रामचन्द्र शुक्ल हैं तो दूसरी छवि उनकी कृतियों से उभरनेवाला 'सामान्य मनुष्य'?

मलयज ने किंचित् खीझ के साथ लिखा है कि शुक्ल जी के रसवाद पर दुर्भाग्य

से शास्त्रीयता की इतनी मोटी पर्त चढ़ चुकी है कि उसके भीतर छिपे सामान्य मनुष्य के चेहरे को टटोलना एक दुस्साहसिक कार्य ही माना जाएगा। जो शुक्ल जी के लोक-जीवन, लोकधर्म, लोकमंगल आदि का अक्सर हवाला दिया करते हैं उनकी दृष्टि में भी लोक अमूर्त और अस्पष्ट है; उन्हें भी इस लोक की अवधारणा में निहित जीता-जागता 'सामान्य मनुष्य' नज़र नहीं आता। यह 'सामान्य मनुष्य' तो उसे ही नजर आ सकता है, जिसमें पोथी से बाहर आकर प्रत्यक्ष लोक-जीवन में शुक्ल जी के मनुष्य को खोजने का साहस हो। आकस्मिक नहीं कि मलयज को इस आदमी के दर्शन 'रस-मीमांसा' पढ़ने के बाद आज़मगढ़ में टोंस के किनारे हुआ—यह वही आज़मगढ़ है जहाँ शुक्ल जी अक्सर गर्मियाँ बिताने जाया करते थे।

यह 'सामान्य मनुष्य' क्या है? मलयज के शब्दों में "धरती शुक्ल जी के सामान्य मनुष्य का संस्कार है, आकाश उसका कर्म। अपने संस्कारों से वह धरती की ही तरह ठोस है, अपनी संवेदना में मूर्त और वस्तून्मुखी। अपने कर्म से वह उड़ता है, आदर्श के पक्ष में हाथ उठाता है। उसके कर्म की उड़ान उसे धरती के गोचर रूपाकारों से परे नहीं ले जाती बल्कि उसकी सूक्ष्म रसवत्ता से बाँधे रहती है। उसकी धरती का संस्कार उसे जड़, अतीतोन्मुख, गतिहीन नहीं बनाता बल्कि भावक्षेत्र में चीजों को मजबूती से पकड़ने और उन्हें उनके सही नामों से पुकारने की ऊर्जा देता है। धरती के सन्दर्भ में जो कुछ ज्ञानातीत और अमूर्त है, उसे वह सन्दिग्ध मानता है। आकाश के सन्दर्भ में जो कुछ ज्ञानातीत और अलौकिक है, उसे वह शक की निगाह से देखता है। प्रत्यक्ष यथार्थ से अलग अध्यात्म उसके लिए एक फरेब है, जैसे दूर कहीं धरती और आकाश का मिलन जो जब नज़र आता है तब धुँधलके में ही। यह धुँधलका ही वह छायावाद-रहस्यवाद है, जिसके खिलाफ़ शुक्ल जी ने अपनी लड़ाई लड़ी।"

साहित्य में सामान्य मनुष्य की खोज नई नहीं है। 60-61 के दिनों में मलयज के विद्यागुरु विजयदेव नारायण साही ने भी 'लघु मानव के बहाने हिन्दी कविता पर एक बहस' के दौरान 'साधारण परिवेश में साधारण मनुष्य' की खोज की थी। लेकिन वह 'साधारण मनुष्य' भगवतीचरण वर्मा, बच्चन, नवीन, दिनकर आदि का फक्कड़ और अलमस्त नौजवान था। शुक्ल जी के सामान्य मनुष्य की प्रतिमा गढ़ते समय मलयज को अपने गुरु के 'साधारण मनुष्य' की याद थी या नहीं, नहीं पता, लेकिन इस घटना के स्मरण से यह सत्य तो प्रकट हो ही जाता है कि 'साधारण' 'साधारण' में भी अन्तर होता है। अभी कुछ दिन पहले, बल्कि उन्हीं दिनों जब मलयज शुक्ल जी के सामान्य मनुष्य की खोज में प्रवृत्त थे, 'समान्तर' कहानीवाले आम आदमी का नारा लगा रहे थे। क्या मलयज के ध्यान में यह आदमी भी था?

जो हो, सामान्य मनुष्य के इतने रूपों को देखकर यही कहना पड़ता है कि ये सभी 'मिथ' हैं। इस सन्दर्भ में साही का यह कथन युक्तिसंगत है : "मनुष्य की परिभाषा वैज्ञानिक न होकर सर्जनात्मक होती है। इसलिए साहित्य कभी सहज मनुष्य को नहीं पकड़ता—वह केवल उस केन्द्रित कालबद्ध, जाल में फँसी हुई सीमित झलक को पकड़ता है जहाँ से वह सहज आभासित होता है। कुछ दिनों तक—युग-परिवर्तन की एक मुद्रा में—सहजता का यह आभास सजीव और मर्मग्राही लगता है। हमें लगता है, अन्तिम पूर्ण सत्य को हम पा गए हैं। फिर धीरे-धीरे युग-परिवर्तन की दूसरी मुद्रा आने तक, सत्य की यह प्रतीति विनष्ट होने लगती है, हमें लगता है कि हमारी पकड़ में तो सिर्फ़ दो-चार तत्त्व ही आए। मनुष्य की सजीवता और मनुष्य का मर्म तो फिर भी छूट गया। और दूसरा जाल फेंकने की तैयारियाँ होने लगती हैं। आदमी को कटघरों में बाँधकर कौन रख सका है? लेकिन सिवा आदमी के इस कोशिश में लगा भी कौन?'

ऐसा प्रतीत होता है कि मलयज को शुक्ल जी के 'सामान्य मनुष्य' की नियति का एहसास था, इसीलिए उन्होंने उसे एक 'मिथ' की संज्ञा दी थी। शुक्ल जी का 'सामान्य' मनुष्य वैसे ही एक 'मिथ' था जैसे कलावाद का 'व्यक्ति'। एक 'मिथ' के विरोध के लिए गढ़ा गया दूसरा 'मिथ'। लेकिन 'मिथ' कह देने मात्र से ही सभी 'मिथ' एक से नहीं हो जाते। 'मिथ' की शक्ति उसकी अन्तर्वस्तु पर निर्भर है—यथार्थ या तथ्य की उस गुठली पर जो बीज रूप में अन्तर्निहित होता है। उदाहरण के लिए छायावादी व्यक्ति' पर शुक्ल जी का सामान्य मनुष्य' यदि प्रबल पड़ा तो इसलिए कि उसमें तथ्य पुष्ट थे। इस सन्दर्भ में शुक्ल जी का यह सूत्र वाक्य विशेष रूप से अर्थपूर्ण है : **सत्य सबकी सामान्य सम्पत्ति होता है, झूठ हर एक का अलग-अलग होता है।** इस वाक्य को मलयज ने एक से अधिक स्थानों पर उद्धृत किया है।

हर 'मिथ' की तरह शुक्ल जी के 'सामान्य मनुष्य' के 'मिथ' में भी यथार्थ और आदर्श, दोनों का योग था। यथार्थ और आदर्श के इस संयोग की प्रक्रिया में, जैसा कि मलयज का कहना है, "अपनी आदर्श-प्रेरित सामाजिकता के बावजूद उन्होंने इस समाज का सरलीकरण नहीं किया; वे उसे वह जैसा था वैसा ही कर के देखते थे। उस पर अपनी आदर्शकामी दृष्टि आरोपित नहीं करते थे। यह तय है कि उनके समय का समाज [मध्यकालीन मूल्यों के दबदबे के बावजूद] स्थिर समाज न था, उसमें परिवर्तन हो रहा था, मूल्यों में उलट-फेर शुरू हो चुकी थी, यद्यपि प्रधानता उन्हीं मूल्यों की थी जो परम्परा-पोषित थे। वे मूल्य अभी भी वैध थे और उनके आधार पर आचरण का विवेक बनाए रखा जा सकता था, पर एक

परिवर्तन आ रहा था। विदेशी विचारधाराएँ देश के मानस को, उसके तौर-तरीकों को प्रभावित करने लगी थीं—पूँजीवाद का उदय हो चुका था, अतः जीवन-पद्धति सरल मूल्यों के प्रति समर्पित न रह गई थी, पर मूल्य बोध के फेम में जो सद्-असद के खाते होते हैं वे बहुत कुछ बरकरार थे। शुक्ल जी अपने समय के सारे मूल्यगत बदलाव को अब भी उन खातों के तहत विवेचित और व्याख्यायित कर सकते थे। जिस हल्के कटाक्ष और व्यंग्य विनोद से वे 'आज के समय में', 'आज की सभ्यता में', 'आजकल' की चर्चा करते हैं, उससे यह लगता है कि 'आज' वास्तव में उनके लिए कोई गम्भीर चुनौती नहीं पेश करता था। उस 'आज' से—मूल्य स्तर पर—उनकी कोई सीधी टक्कर न थी, क्योंकि वह 'आज' अभी भी हाशिए पर ही था, पूरे जनमानस को पूर्णतः घेरे हुए न था।"

इस पर्यवेक्षण का आधार है—शुक्ल जी का 'घृणा' और 'ईर्ष्या' सम्बन्धी विवेचन।

यह सही है कि "शुक्ल जी सामाजिक बदलाव के लक्षणों से आँख मूँदे हुए न थे, पर भावनात्मक रूप से उसे पूरा समर्थन नहीं दे सके थे।" इसके बावजूद मलयज की दृष्टि में शुक्ल जी का जीवन "अन्तर्विरोधों का जीवन नहीं, विरुद्धों के सामंजस्य का जीवन था।"

ऐसा प्रतीत होता है कि मलयज' शुक्ल जी के इस पक्ष पर कुछ असमंजस में थे। यह 'द्वंद्वात्मकता का अन्तर्विरोध' है अथवा 'अन्तर्विरोध की द्वंद्वात्मकता'—निश्चय नहीं कर पाते थे। इस असमंजस के बावजूद 23.7.77 की टिप्पणी में उन्होंने अपने मन की बात अन्ततः लिख ही दी—

"शुक्ल जी ने अपने भीतर की कशमकश को खुलकर प्रकट होने नहीं दिया, उसे अपने व्यक्तित्व की दृढ़ता से दबाए रखा, पर उस भीतरी गड़गड़ाहट को वे नजरअन्दाज़ भी न कर सकते थे। वे बुद्धि से अपने अन्दर-बाहर के असामंजस्यपन का समाधान नहीं कर सके—व्यक्तित्व की दृढ़ता के बावजूद। शायद यही बात है कि उनका काव्य-सिद्धान्त इतना पुख्ता नहीं है और उसमें दरारें रह गई हैं। इन दरारों में शुक्ल जी की भावना बोलती है, उनका कवि-हृदय स्वर भरता है। आदर्श और यथार्थबोध के बीच की इस दरार से उनका काव्य चिन्तन एक राह भविष्य के लिए छोड़ देता है, उसे बुद्धि के साँचे में कसे रखकर सिर्फ़ वर्तमान के लिए एकजुट पुख्ता नहीं छोड़ता।"

निष्कर्ष यह कि "यह अन्तर्विरोध दरअसल शुक्ल जी की शक्ति है, इसी से वे आज के काव्य चिन्तन के लिए भी प्रासंगिक हो उठे हैं।"

मिथ का अन्तर्विरोध वस्तुतः यथार्थ से मुठभेड़ में प्रकट होता है। आज का यथार्थ ही शुक्ल जी के 'सामान्य मनुष्य' के 'मिथ' का अन्तर्विरोध उद्‌घाटित करने

में समर्थ है। मलयज की आँखों के सामने वह यथार्थ स्वयं आचार्य शुक्ल के नाती के रूप में प्रकट हुआ। बनारस में अस्सी का चौराहा। बोसीदा कपड़ों में मुख्तसर-सा एक आदमी बैसाखियों पर खड़ा भीख माँग रहा था। यह थी आचार्य की तीसरी पीढ़ी यानी मलयज की अपनी पीढ़ी। देखते ही मलयज के मन में प्रश्न उठा : क्या वही शुक्ल जी के सामान्य आदमी का 'रफ़' था? खंडित और छिन्नमूल। आचार्य शुक्ल ने सामान्य आदमी का 'अखंडित वर्तमान' देखा था। मलयज के सामने उसका 'खंडित भविष्य' वर्तमान था! स्पष्ट है कि इस चुनौती का मुकाबला शुक्ल जी के सामान्य आदमी की गुहार लगाकर नहीं किया जा सकता। इसके लिए तो फिर एक नए सामान्य आदमी की मति रचनी पड़ेगी। मलयज ने यहाँ इसी संकल्प के साथ 'जन' को पुकारा है। यह वह 'जन' है जिसकी एकमात्र पूँजी उसके बेरोजगार हाथों का जांगर है।

मलयज की इस पुकार में सचाई है और ताकत भी। सचाई का स्रोत है, तन्मयता और ताकत का आधार है, जनशक्ति की सही पहचान। लेखों और डायरी के पन्नों को पढ़ते समय कोई भी आदमी यह अनुभव किए बिना नहीं रह सकता कि शुक्ल जी के साथ मलयज जैसे एकाकार हो गए हैं। गाँव और शहर का वही मिला-जुला परिवेश, देशीपन का वही आग्रह, पश्चिम की चुनौती से जूझने की वही कोशिश, प्रकृति-प्रेम भी वही और चित्रकारी का शौक भी वैसा ही—यहाँ तक कि स्वास्थ्य के मामले में भी श्वास-रोग की समानता। इस विषय में मलयज इतने आत्मचेतस् हो गए थे कि वे शुक्ल जी की तरह अक्सर पेंसिल से ही अपने लेखादि लिखने लगे थे। इस भृंग-कीट न्याय से एक नए मलयज का जन्म हुआ। आत्मकेन्द्रित व्यक्ति लोकवादी आचार्य की अंगुली पकड़कर जन-संघर्ष में शामिल होने आया। इस दृष्टि से यह पुस्तक मलयज के आत्मसंघर्ष का भी आलेख है। आत्मसंघर्ष युक्त जनसंघर्ष की प्रक्रिया में मलयज ने आलोचना की एक नई भाषा का विकास किया जो आचार्य शुक्ल की ही परम्परा में वस्तुमुखी, यथातथ्य, तर्कनिष्ठ, भावसंवलित, सघन और सान्द्र है।

शुक्ल जी की निबन्ध शैली के बारे में मलयज ने लिखा है कि उनके छोटे निबन्ध भी पुष्ट दृढ़बंध और कसाव का परिचय देते हैं और उनके छोटे कलेवर में एक क्लासिक सघनता, लाघव और चुस्ती है। कहने की आवश्यकता नहीं कि स्वयं मलयज के निबन्ध और संक्षिप्त टिप्पणियाँ इसी आदर्श के निर्वाह की दिशा में प्रयत्नशील हैं। इन गुणों के साथ ही कहीं-कहीं उस कवि-हृदय की भी झलक मिल जाती है जिससे शुक्ल जी के चिन्तन प्रधान निबन्ध रससिक्त प्रतीत होते हैं।

मलयज ने आलोचना के शास्त्रीय प्रत्ययों के अन्दर जाकर आचार्य शुक्ल के सामान्य मनुष्य की जिस प्रतिमा का निर्माण किया है, वह निश्चित रूप से हिन्दी आलोचना के क्षेत्र में एक मौलिक सृष्टि है, किन्तु इससे भी अधिक महत्त्वपूर्ण वह पद्धति है जिससे उस प्रतिमा के उपादान और तत्त्व खोजे गए हैं। इस अध्यवसाय को देखकर अनायास कुँवरनारायण की एक कविता 'आदमी अध्यवसायी था' की ये पंक्तियाँ याद आती हैं—

क्यों खोजना पड़ता है
मिथकों में, वक्रोक्तियों में, श्लेषों में, रूपकों में
झूठ के उलटी तरफ क्यों इतना रास्ता चलना पड़ता है
एक साधारण सचाई तक पहुँच पाने के लिए

मलयज का साधारण मनुष्य एक तरह से ऐसी सचाई है जो अति साधारण है, फिर भी इसे खोजने के लिए उन्होंने शास्त्र से लोक की दिशा में जो उलटी यात्रा की वह आँख खोलनेवाली है।

यह भी एक संयोग ही है कि शुक्ल जी की 'रस-मीमांसा' की तरह मलयज की यह 'संघर्ष-मीमांसा' भी अधूरी रह गई, किन्तु अधूरी होने से ही वह अप्रासंगिक नहीं हो जाती। आलोचना के क्षेत्र में बहुत-से शास्त्रीय ग्रंथ मुकम्मल होने के कारण ही अप्रासंगिक हो गए। इस अधूरेपन की भी अपनी सार्थकता है, अपनी सुन्दरता भी। इसलिए जैसा कि रवीन्द्रनाथ ने एक गीत में कहा है—

जीवने यतो पूजा हलो ना सारा
जानि हे जानि ताओ हयनि हारा।

(जीवन में जितनी पूजाएँ समाप्त नहीं हुईं
जानता हूँ, जानता हूँ वे भी खो नहीं गईं।)

# पृष्ठभूमि

एक ओर द्विवेदी युग का तथ्य-संसार और दूसरी ओर छायावाद युग का भाव-संसार, इन दोनों संसारों की प्रत्यक्ष उपस्थिति को महसूस करते, उनकी हलचलों को सुनते, उनसे संवेदित होते, उनमें उलझते-पैठते और उत्तीर्ण होते स्वयं आचार्य रामचन्द्र शुक्ल, हमारी इस पुस्तक के नायक, की हैसियत एक विवेक पुरुष की थी। समालोचना इस विवेक की वाणी थी। उसका काम तथ्य और भाव के गड्ड-मड्डपन को पर्यवेक्षण और विश्लेषण के औजारों से अलगाना और मानव-जीवन में उनकी स्वतंत्र भूमिकाएँ निश्चित करना और उनकी परस्पर निर्भरता को पूर्वानुमानित करना तो था ही, उसका असली काम था—मानव-जीवन और मानवकृत रचना के मर्म का अनुसन्धान और उसकी स्थापना। आज यह खुले मन से कहा जा सकता है कि आचार्य शुक्ल के पहले साहित्य को 'शास्त्र' करके दिखानेवाली आँखें ही थीं, साहित्य को 'मर्म' कहकर बतानेवाली आँखें नहीं। शुक्ल जी की दृष्टि पुराने और नए, तथ्य और भाव, शास्त्र और मर्म के बीच सिर्फ़ समन्वय या तालमेल की दृष्टि न थी, बल्कि अपने विवेक की तुला पर तौलकर साहित्य और जीवन का एक ऐसा रसायन तैयार करने की थी जो मनुष्य के अर्थ को उसकी तात्कालिकता में भी और उसकी चिरन्तनता में भी दूर तक प्रकाशित कर दे। साहित्य में अभिव्यक्त जीवन के अर्थ की सिर्फ़ व्याख्या नहीं, उसके मूल उत्सों की खोज और पड़ताल उस विवेक की कसौटी है, जिसे सम्भव बनाकर आचार्य रामचन्द्र शुक्ल ने हिन्दी में पहली बार वास्तविक आलोचना कर्म को सम्भव बनाया।

इस आलोचना-कर्म की पृष्ठभूमि पर एक दृष्टिपात।

हिन्दी में शुक्ल जी के आगमन के पूर्व गद्य-युग का आरम्भ धूमधाम से हो चुका था। भारतेन्दु के समय से ही गद्य एक ओर रीतिकालीन भाव-जड़ता से मुक्ति का तो दूसरी ओर नवीन युगीन प्रवृत्तियों के अंगीकार का प्रतीक बन गया था। गद्य

का जन्म और विकास हिन्दी खड़ी बोली के जन्म और विकास से जुड़ा हुआ है, इसलिए गद्य के प्रसार के साथ खड़ी बोली ने एक नई अस्मिता ग्रहण की जो अब तक प्राप्त हिन्दी काव्य-अस्मिता से अलग थी। गद्य एक तरह से हिन्दी में आधुनिकता का अग्रदूत बनकर प्रकट हुआ। गद्य की इस नई अस्मिता में अपने आस-पास को पहचानने, उसमें से तथ्य संकलन करने और उन्हें एक अधिक बहिर्मुख वर्चस्व में स्वायत्त करने की चेष्टा थी। गद्य के निकष पर सम्भवत: पहली बार 'परम्परा' का अर्थ स्पष्ट होने लगा—वह परम्परा जो अब तक काव्य की शिराओं में आदियुग से चलकर भक्तियुग और रीतियुग तक स्वत: बहती चली आई थी, उससे भिन्न उसका एक सजग चेतन अर्थ, जिसे 'देखा' जा सके और आवश्यकता पड़ने पर जिसे 'बदला' भी जा सके। यह काम शुरू में धीरे-धीरे ही हुआ। गद्य का प्रतिभा-बीज प्रस्फुटित होकर नाटक, उपन्यास, निबन्ध, जीवन चरित्र और समीक्षा के क्षेत्र में फैला। ये विधाएँ जैसे पहली बार हिन्दी में काव्य की एकतंत्र नीरन्ध्र जीवन-शैली के दरवाजे और खिड़कियाँ खोलकर विश्व में घटित हो रहे तथ्यों (और बाद में अनुभवों) का प्रकाश ला रही थीं, काव्य की एकछत्र प्रभुसत्ता को विस्तार की एक नई ऊर्जा में चुनौती दे रही थीं और अभिव्यक्ति की नई जमीनें तोड़ रही थीं।

गद्य के आविर्भाव ने ही इन विधाओं को सम्भव बनाया, पर यह गद्य परम्परा के तत्त्वों से—खासकर काव्य-परम्परा के तत्त्वों से—विच्छिन्न न था। इसलिए इस गद्य की प्रकृति भावात्मक ज़्यादा थी, विचारात्मक कम। खासकर समीक्षा के क्षेत्र में यह बात ज़्यादा स्पष्ट थी। भाव से विचार तक आने की प्रक्रिया के बीच में तथ्य एक पड़ाव है और शुक्ल जी के ठीक पहले का समीक्षा-कर्म इस पड़ाव पर अटका नजर आता है। विचार के ग्रहण में परम्परा से अधिक मौलिकता और उद्‌भावना सहायक होती है, तथ्य इस स्तर तक पहुँचानेवाली सीढ़ी है। उधर, भाव से तथ्य तक पहुँचने में परम्परा किसी-न-किसी रूप में साथ-साथ चलती है, तथ्य के नए ग्रहीत संसार में वह परम्परा 'विषय' होती है। शुक्ल जी की पूर्ववर्ती समीक्षा इसी 'विषय' पर केन्द्रित समीक्षा थी, जिसमें तथ्य के आवरण में लिपटी परम्परा थी, विचार की ओर खुलती सर्जनात्मकता नहीं। इस समीक्षा का तथ्य परम्परा का तथ्य था। यह समीक्षा लिख रहे थे आचार्य महावीर प्रसाद द्विवेदी, पद्‌मसिंह शर्मा और मिश्र बन्धु जैसे लोग। इनकी आलोचना के बारे में स्वयं शुक्ल जी क्या कहते हैं, सुनिए : "यह सब आलोचना अधिकतर बहिरंग बातों तक ही रही। भाषा के गुण-दोष, रस, अलंकार आदि की समीचीनता इन्हीं परम्परागत विषयों तक पहुँची, स्थायी साहित्य में परिगणित होनेवाली आलोचना जिसमें किसी कवि की अन्तर्वृत्ति का सूक्ष्म व्यवच्छेद होता है, उसकी मानसिक प्रवृत्ति की विशेषताएँ दिखाई जाती

है, बहुत ही कम दिखाई पड़ी। (हिन्दी साहित्य का इतिहास, चतुर्थ सं. 492)

इस कथन में अपनी पूर्ववर्ती समीक्षा पर टिप्पणी नहीं है बल्कि शायद पहली बार आधुनिक आलोचना कर्म को परिभाषित करने की कोशिश है। साथ ही, इसमें आलोचना की एक कसौटी की तरफ भी इशारा है। यह कसौटी स्वयं शुक्ल जी ने अपने आलोचना-कर्म में किस प्रकार चरितार्थ की इसे हम बाद में देखेंगे। यहाँ हमारे सामने वह पृष्ठभूमि है, जिसमें आलोचना गद्य में अन्तर्निहित उन्मुक्तता के बावजूद परम्परा के बोझ से मुक्त न थी। आलोचना के गद्य की भाषा का बाह्य परिष्कार तो आचार्य म. प्र. द्विवेदी के प्रयत्नों से हो चुका था, किन्तु उसका आन्तरिक परिष्कार तब तक न हुआ था। ज़्यादा जोर अर्थक्रीड़ा पर था। किसी पद्य का और का और अर्थ करना इन अर्थ-क्रीड़कों के बाएँ हाथ का खेल था। तुलसीदास की चौपाइयों के बीस-बीस अर्थ करनेवाले तो शुक्ल जी के समय में मौजूद थे। एक आलोचक प्रवर शुक्ल जी को 'बिहारी सतसई' का शान्त रस-परक अर्थ करने की धमकी तक दे चुके थे। शुक्ल जी के अपने समय में (उनके 'इतिहास' में यह समय आधुनिक गद्य-काल का तृतीय उत्थान है) आलोचना गद्य-भाषा की आन्तरिकता की तरफ बढ़ी, किन्तु उसके स्वभाव के परम्परागत रूप में कोई मौलिक परिवर्तन न आया था। अपने समय की आलोचना का आकलन करते हुए शुक्ल जी कहते जरूर हैं कि इसमें उच्चकोटि की समालोचना का प्रारम्भ हुआ, पर इस समय का जो इतिवृत्त अपने 'इतिहास' में वे प्रस्तुत करते हैं' वह समालोचना की उस कसौटी पर खरा उतरता प्रतीत नहीं होता जिसकी ओर शुक्ल जी के ऊपर उद्धृत कथन में संकेत है। उस वक्त आलोचना के मैदान में शुक्ल जी के समकालीन थे—लाला भगवानदीन, अयोध्यासिंह उपाध्याय 'हरिऔध' और डॉ. पीताम्बर दत्त बड़थ्वाल। इन लोगों ने सूर, तुलसी, जायसी और कबीर आदि की विस्तृत समालोचनाएँ लिखीं। इसके बाद शुक्ल जी के वे समकालीन थे जिन्होंने समीक्षा क्षेत्र में 'कलाओं' और 'साधनाओं' का तांता बाँध दिया। इनमें से कुछ हैं—कृष्णशंकर शुक्ल (केशव की काव्यकला), प्रो. सत्येन्द्र (गुप्तजी की काव्यकला), पं. जनार्दन झा 'द्विज' (प्रेमचन्द की उपन्यास-कला), रामनाथलाल 'सुमन' (प्रसाद की काव्य-साधना), पं. भुवनेश्वर मिश्र 'माधव' (मीरा की प्रेम साधना), गिरिजादत्त शुक्ल 'गिरीश' (गुप्तजी की का धारा) आदि। शुक्ल जी का कहना है कि इनकी आलोचना कवि के बाह्य और आभ्यान्तर, दोनों का अच्छा परिचय कराती है, लेकिन परिचय-भर ही, इससे आगे नहीं। समालोचना अब पहले की अपेक्षा ज़्यादा अन्तवर्ती थी। उसमें भावों की छानबीन की प्रवृत्ति भी थी, पर उसमें भाव और विचार का परिपाक न था। काव्य-समीक्षा में भावों की पड़ताल का ढब यह था कि स्वयं आलोचक उस भाव में बहने लगे। इससे जिस तरह की समीक्षा शुक्ल जी के अपने समय में सामने आ

रही थी, वह उस प्रकार की थी जिसे शुक्ल जी 'प्रभावाभिव्यंजक समीक्षा' कहते हैं। अर्थ-क्रीड़ा में रत पुरानी चाल की समीक्षा जहाँ हमारी साहित्य की समझ को महज सीमित बनाती है वहाँ नए चाल की प्रभावाभिव्यंजक समीक्षा उस समझ को धुँधला बनाती है, अध्ययन; चिन्तन और प्रकृत समीक्षा का रास्ता छेंकती है। प्रभावाभिव्यंजक समीक्षा दरअसल अधिक व्यापक प्रवृत्ति का अंग थी और समीक्षा कर्म के लिए असली खतरा शुक्ल जी इस प्रवृत्ति में ही देखते थे।

इस प्रवृत्ति का उद्‌गम शुक्ल जी पश्चिमी प्रभावों में देखते हैं। पश्चिम से हमारी मुठभेड़ यों तो उन्नीसवीं सदी के उत्तरार्द्ध में ही शुरू हो चुकी थी, पर भारतेन्दु काल के नवोन्मेष और बाद में द्विवेदी युग में गद्य के प्रसार ने पश्चिमी प्रभावों को हमारे ज़्यादा निकट ला दिया। हिन्दी कविता अपनी दीर्घ जातीय परम्परा के कारण इन प्रभावों से अपेक्षाकृत बचती चली आई थी—भारतेन्दु और द्विवेदी युग में भी उसने देशी प्रेरणाओं को ही मुख्यत: अंगीकार किया, पश्चिमी प्रेरणाओं को नहीं। इसी से इन कालों में कविता में बदलाव का स्वरूप अधिकतर राष्ट्रीय रहा। गद्य परम्परा से अधिक प्रयोग की ओर उन्मुख विधा है, और उस पर परम्परा की वैसी जकड़बन्दी न होने से उसने खुलकर देशी-विदेशी प्रवृत्तियों को झलकाया। यह समय की माँग थी। बाद में हिन्दी कविता में छायावाद काल में जो भाव-प्रसार आया, उसका मुख्य कारण भारतेन्दु और द्विवेदी युग में घटित हो चुका गद्य का तथ्य-प्रसार ही था। गद्य के द्वारा लाई गई भाषा-उन्मुक्तता के बिना छायावाद की भाव-स्वतंत्रता सम्भव न थी। पश्चिम के परिचय से उत्प्रेरित सर्जनात्मक कल्पनाशीलता में गद्य ने 'कैटेलिस्ट' का काम किया। यहाँ इतना कह देना ज़रूरी है कि हमारी राष्ट्रीयता की धारणा और भावना भी बहुत कुछ पश्चिम से परिचय के बाद ही बनी। आजकल की अन्तरराष्ट्रीयता का सीधा ताल्लुक भी हम पश्चिम से ही मान सकते हैं। राष्ट्रीयता अपने देश की संस्कृति और भूगोल की पहचान कराती है और अन्तरराष्ट्रीयता उस पहचान का विस्तार। शुक्ल जी का अपना समय जो छायावाद के उत्कर्ष का भी समय था—राष्ट्रीयता और अन्तरराष्ट्रीयता के बीच किसी एक बिन्दु पर स्थित था।

यह बिन्दु एक बेचैन बिन्दु था। इतिहास की देसी और विदेसी शक्तियाँ देश के मानस को मथ रही थीं। समाज के सामन्तवादी गठन में दरार पड़ चुकी थी और प्राचीन सुरक्षा की जड़ें हिल चुकी थीं। एक ओर पूँजीवाद और दूसरी ओर मध्यवर्ग का उदय हो चुका था। वर्गों की चेतना का जन्म अभी नहीं हुआ था, पर वर्गस्तरों का बनना शुरू हो चुका था। उन्नीसवीं सदी में आरम्भ हुए सामाजिक और धार्मिक सुधारों की लहर गांधीजी के प्रवेश के साथ जन-आन्दोलन के रूप

में नई शक्ल ले रही थी। सब कुछ हिल गया था, गो आपस में गड्ड-मड्ड नहीं हुआ था। सत्-असत् के विवेक की पुरानी कसौटियाँ अब भी जीवित थीं, हृदय-परिवर्तन सामाजिक परिवर्तन का अब भी कारगर औजार था। मूल्य व्यवस्था अभी भी लचीली थी और उसमें नए और पुराने, दोनों के लिए जगह थी, पर साथ ही समाज और व्यक्ति के रेशे कहीं-किसी मर्मस्थल पर रगड़ खा रहे थे। उनके परस्पर सम्बन्धों में एक फाँक उभर रही थी। नए पूँजीवाद से उत्पन्न ऊर्जा पुराने महाजनी तंत्र को धकियाकर परम्पराबद्ध शास्त्रीय कठोर दृष्टि के स्थान पर अपने स्वतः स्फूर्त व्यक्तिवाद के लिए जगह बना रही थी। और चूँकि यह प्रक्रिया कशमकश की थी, इसलिए समूचे परिदृश्य में एक प्रकार का असन्तुलन था, किसी हद तक मतिभ्रम और अविवेक भी। पश्चिम से बढ़ रहे परिचय ने इस असन्तुलन को और भी बढ़ा दिया था। अराजकता तो नहीं—क्योंकि मूल्यबोध अभी भी बरकरार था—पर धुँधलके के आसार जरूर थे। शुक्ल जी की वास्तविक चिन्ता इस धुँधलके को लेकर ही थी, जिसमें क्रमशः मूल्य-चेतना के स्खलित और दिग्भ्रमित हो जाने का डर था। शुक्ल जी ने ऐसे संक्रमण के समय अपने ऊपर एक नियामक की जिम्मेदारी ली, तथ्य और भाव के बीच की टूटती-चिटकती हुई सरणियों और तन्तुओं के बीच एक सामंजस्य, एक अनुशासन स्थापित करने की। शुक्ल जी के पहले भाषा के क्षेत्र में कुछ ऐसी ही अनुशासनात्मक कार्रवाई आचार्य महावीरप्रसाद द्विवेदी ने की थी। शुक्ल जी का काम ज़्यादा मुश्किल था। आचार्य द्विवेदी का रोल बहुत कुछ एक हेड मास्टर का-सा था। अपने शिष्यों और पाठकों को ठीक-ठिकाने की सही व्याकरण-सम्मत भाषा की पटरी पर लाना। आचार्य शुक्ल का काम था, एक ओर भाषा की वस्तुमत्ता को भाववादी प्रवाह में बह जाने से बचाना तो दूसरी ओर भाषा के ज्ञानकोष में सूक्ष्म भावसत्ता का संचार और प्रसार। इस दुहरे काम का माध्यम था—शुक्ल जी का समीक्षा-कर्म, जिसमें नाश और निर्माण, खंडन और मंडन, पुष्टि और प्रतिषेध, दोनों के तत्त्व शामिल थे। इसलिए आश्चर्य नहीं कि अपने समय की समालोचना को, जो भाव और विचार के विवेक को धुँधला करती है, 'देखने' और 'महसूस' करने में कोई भेद नहीं करती, जीवन के मार्मिक पक्षों को गोचर करने के बजाय अगोचर करती है—शुक्ल जी नहीं बख्शते। प्रस्तुत और अप्रस्तुत के बीच, बाहर और भीतर के बीच, कल्पना और वस्तु के बीच घालमेल पैदा करना, उनके फर्क को शब्दाडम्बर में गर्क करना उन्हें सहन नहीं।

उस अविवेक और शब्दाडम्बर का विवेचन और बानगी, दोनों ही शुक्ल जी ने अपने बड़े निबन्धों और इतिहास में जगह-जगह पेश की है। ऐसे स्थलों पर शुक्ल जी की भाषा-शैली बड़ी चुटीली और लाक्षणिक हो उठती है। अपने 'काव्य

में अभिव्यंजनावाद' शीर्षक निबन्ध में एक जगह पर वे लिखते हैं : "आजकल पाश्चात्य वादवृक्षों से बहुत से पत्ते—कुछ हरे नोचे हुए, कुछ सूखकर गिरे हुए यहाँ पारिजात-पत्र की तरह प्रदर्शित किए जाने लगे हैं, जिससे साहित्य के उपवन में बहुत गड़बड़ी दिखाई देने लगी है।" यह साहित्यिक गड़बड़ी और वह मूल्य-धुँधलका दरअसल एक ही चीज है। इसका सीधा सम्बन्ध उस विचार-शैथिल्य या बौद्धिक आलस्य से है, जिसे शुक्ल जी की दृष्टि में योरप से हवा मिल रही थी। विचार-शैथिल्य का एक रूप तो वही था, जिसमें वस्तु या तथ्य का अनादर और भाव और प्रभाव का बोलबाला हो रहा था। इसके रहते काव्य-समीक्षा के नाम पर इस प्रकार की पंक्तियाँ लिखी जा रही थीं, "कविता अमरावती से गिरती हुई अमृत की धारा है," "कविता देवलोक के मधुर संगीत की गूँज है। एक बार इस कविता के प्रवाह में पड़कर बहना ही पड़ता है। स्वयं कवि को भी विवशता के साथ बहना पड़ा है, वह एकाधिक बार मयूर की भाँति अपने सौन्दर्य पर आप ही नाच उठा है," आदि। इस प्रवृत्ति के कारण समीक्षा के स्वानुभूत प्रतिक्रियाओं का पुंज बनकर रह जाने का खतरा था, जबकि शुक्ल जी उसे एक व्यवस्थित शास्त्र के रूप में विकसित और प्रतिष्ठित होते देखना चाहते थे। विचार-शैथिल्य का एक रूप वह भी था, जिसमें बिना भारतीय साहित्य-परम्परा और चिन्तन का विचार किए साहित्य-समीक्षा के क्षेत्र में पाश्चात्य मतवाद और अवधारणाएँ ज्यों की त्यों लागू की जा रही थीं। ऐसे उधार के विचारों के घटाटोप में स्वयं समालोचक महोदय किस जमीन पर खड़े हैं, इसका पता न चलता था। ऐसे समीक्षकों का उद्देश्य बस तड़क-भड़क बढ़ाना और हिन्दीवालों की आँखों में चकाचौंध पैदा करना होता था। 'कला कला के लिए' वाली पश्चिमी धारणा, तब लगता है, नई-नई ही तत्कालीन काव्य-चर्चा में सुनाई पड़ने लगी थी। शुक्ल जी ने इसकी खूब खबर भी ली है। इसी तरह अभिव्यंजना ही सब कुछ है, अभिव्यंग्य कोई वस्तु नहीं, "काव्य में अर्थ ध्यान देने की कोई वस्तु नहीं," "काव्य में बुद्धि घातक होती है," जैसी धारणाओं के पीछे बुद्धि-शैथिल्य काम कर रहा था। शुक्ल जी इस बुद्धि-विरोध की जड़ सही ही पश्चिम की आधिभौतिक समृद्धि के प्रति वहाँ के 'प्रतिवर्तन' (प्रतिक्रिया) में देखते हैं और इस बात को स्पष्ट कर देना नहीं भूलते कि हमारे यहाँ की परिस्थितियाँ उस प्रकार की प्रतिक्रिया के लिए बिलकुल तैयार नहीं।

काव्य-चर्चा और काव्य-रचना में भी जो चीज अतर्क्य है, जिसे जीवन की वास्तविक दशा, स्थिति या स्थिति का समर्थन प्राप्त नहीं है, जो लोक और सामान्य के विरुद्ध विशिष्ट और ऐकान्तिक का प्रतिपादन करती है, शुक्ल जी उसके खिलाफ हैं, फिर उस चीज को बल चाहे भीतर से मिलता हो या बाहर से, पूरब से

या पश्चिम से। आध्यात्मिकता और रहस्यवादिता के प्रति शुक्ल जी के विरोध को इसी सन्दर्भ में देखना चाहिए। आध्यात्मिकता और रहस्यवादिता के भीतर पनप रहे बुद्धि-शैथिल्य के खतरे को न सिर्फ़ उन्होंने बहुत अच्छी तरह भाँपा बल्कि इसमें निहित सूक्ष्म यूरोपीय षड्यंत्र की तरफ़ भी हमारा ध्यान आकर्षित किया। 'इतिहास' में वे लिखते हैं : "यूरोप वालों को हमारी आध्यात्मिकता बहुत पसन्द आती है। भारतीयों की आध्यात्मिकता और रहस्यवादिता की चर्चा पश्चिम में बहुत हुआ करती है। इस चर्चा के मूल में कई बातें हैं। एक तो ये शब्द हमारी अकर्मण्यता और बुद्धि-शैथिल्य पर परदा डालते हैं। अतः चर्चा या तारीफ करनेवालों में कुछ लोग तो ऐसे होते हैं जो चाहते हैं कि यह पर्दा पड़ा रहे।" (पृष्ठ 566 चतुर्थ सं.) आज देश के स्वभाव धर्म और मूल प्रतिभा का हनन करते हुए पश्चिम से जो बेहिसाब ज्ञान-विज्ञान और तकनीक आयातित की जा रही है, उसके दूरगामी निहितार्थों को शुक्ल जी के इस उद्धरण के प्रकाश में समझ सकना मुश्किल नहीं, लेकिन उस समय में आचार्य शुक्ल ने देश की इस कमजोर नब्ज पर हाथ रखा, यह बात अपने आप में कुछ कम क्रान्तिकारी न थी।

अजब है कि पश्चिम के इस खतरे की सूचना शुक्ल जी को पश्चिम के प्रति अपने वैचारिक खुलेपन के कारण ही मिली थी। पश्चिम की चुनौती को स्वीकार करने और उससे निबटने का ढंग उनका खुला खेल फर्रुखावादी ही था, उसमें कोई भावात्मक संकोच न था। वे पश्चिमी प्रतिमानों को बिना जाँचे-परखे नकार नहीं देते, बल्कि उन्हें हमेशा अपने देशी प्रतिमानों के समक्ष रखते हैं और अन्ततः देशी प्रतिमानों की श्रेष्ठता को एक तुलनात्मक विवेक की कसौटी पर कसकर ही मान्य ठहराते हैं। अपने समय के साहित्य-चिन्तन से उनकी मुख्य शिकायत पश्चिमी प्रभावों को लेकर उतनी नहीं जितनी उनकी भद्दी नकल से है। वे कहते हैं : "बाहर से सामग्री आए, खूब आए, पर वह कूड़ा-करकट के रूप में इकट्ठी न की जाए। उसकी कड़ी परीक्षा हो, उस पर व्यापक दृष्टि से विवेचन किया जाए, जिससे साहित्य के स्वतंत्र और व्यापक विकास में सहायता पहुँचे।" (इतिहास : च. सं. पृ. 576)

और-और चीजों की तरह शुक्ल जी एक 'प्रकृत' समीक्षा भी मानते हैं। यह प्रकृत समीक्षा सहज तर्क-पद्धति और विश्लेषण-शैली को ग्रहण करती है, इस-उस पक्ष पर बल देकर चलनेवाली एकांगी समीक्षा वह नहीं है। न यह तर्क का वितंडा प्रस्तुत करती है, न पाठक को भावोद्गार के जाल में फँसाती है न 'अपने यहाँ भी कहा है' के प्रमाद में बाहर के सब कुछ को अस्वीकार करती है, न उससे आतंकित ही होती है। वह सबको अपनी जातीय प्रतिभा और संवेदना की दृष्टि से परखती है,

पर इस दृष्टि में आत्मविस्तार करने का साहस और सामर्थ्य है। यह दृष्टि परम्परा से पोषण का रस खींचती है, पर प्रयोग में खिलती-खुलती है।

जाहिर है कि शुक्ल जी के समय में इस प्रकृत समीक्षा का मार्ग अभी प्रशस्त नहीं हुआ था। प्रथम और द्वितीय उत्थान काल के गद्य लेखकों ने भाषागत संवेदना की राह चौड़ी करके शुक्ल जी का काम थोड़ा आसान जरूर कर दिया था, पर इस तृतीय उत्थान काल में भाषा के आन्तरिक अवरोधों को दूर करके साहित्य मीमांसा को एक स्वतंत्र एवं व्यवस्थित पथ पर ले चलने का दुष्कर कार्य स्वयं उन्हें ही करना था। भाषा के विस्तार के साथ एक चिन्त्य बात यह हो रही थी कि "अपनी भाषा की प्रकृति की पहचान न रहने के कारण कुछ लोग उसका स्वरूप भी बिगाड़ चले हैं। वे अंग्रेजी के शब्द, वाक्य और मुहावरे तक ज्यों-के-त्यों उठाकर रख देते हैं, यह नहीं देखने जाते कि भाषा हिन्दी हुई या और कुछ?" (इतिहास, च. सं. पृ. 534) इसका उद्‌देश्य? वही चकाचौंध पैदा करना। पश्चिमी प्रभावों का यह एक और रूप था, जिसकी तरफ शुक्ल जी हमें सतर्क करते चलते हैं। यहाँ हम सहज ही देख सकते हैं कि शुक्ल जी की चिन्ता भाषा के प्रति एक शुद्धतावादी की चिन्ता नहीं, बल्कि उसकी अस्मिता को बनाए रखनेवाले एक तत्त्वदर्शी की चिन्ता है। जिस तरह की प्रकृत समीक्षा पर शुक्ल जी का आग्रह है वह भाषा के अपने जातीय स्वभाव की रक्षा के बिना सम्भव ही न थी। स्वतंत्र चिन्तन पराश्रित अथवा आरोपित भाषा में नहीं हो सकता। शुक्ल जी के अपने समय के इस परिप्रेक्ष्य में स्वयं उनके समीक्षा कर्म की प्रकृति और स्वभाव को मोटे तौर पर जान लेना यहाँ आसान होगा।

शुक्ल जी मूलतः भाववादी थे। पर भाव में पड़कर बहना नहीं, भाव के गुण और धर्म को दृढ़ता से पकड़ना, उन्हें एक पुष्ट सांस्कृतिक एकसूत्रता में नियोजित करना और किन्हीं व्यापक मानव-मूल्यों में अर्थान्तरित करना उनकी समालोचना का स्वभाव था। अन्तर्वृत्ति का सूक्ष्म व्यवच्छेद भावों में महज पैठने और रमने से या उनका महज आस्वाद लेने मात्र से नहीं होता, बल्कि उन्हें एक निर्मम बौद्धिक कसौटी पर घिसने और परखने से होता है। इस कर्म के सम्पादन में शुक्ल जी के लिए एक ओर तो संस्कृत काव्य और भक्तियुग की शास्त्रीय परम्पराएँ सहायक थीं, दूसरी ओर उनका स्वयं अपने समय और परिवेश का सजग ज्ञान, जिसका उन्होंने अपने दिलो-दिमाग की खिड़कियाँ खोले रखे रखकर आग्रहपूर्वक अर्जन किया था। संस्कृत और भक्तियुग की क्लासिक परम्पराएँ शुक्ल जी की समीक्षा का भावनात्मक आधार हैं, वह मजबूत चट्टान, जिस पर उनकी समीक्षा के पैर टिके हुए हैं। इस आधार को शुक्ल जी अपने समय के ज्ञान-विज्ञान से और पुख्ता बनाते हैं। वे भावों से भावों के मूल में, मानव-कर्म के मूल में पहुँचते हैं। परम्परा

और परिवेश की इस द्वंद्वात्मक दृष्टि के कारण ही शुक्ल जी द्वारा किया गया भाव, विभाव, रस आदि का विवेचन सिर्फ़ साहित्य का नहीं, मानव-मर्म का विवेचन बन जाता है। यह विवेचन सिर्फ़ अन्तर्वृत्ति का व्यवच्छेद नहीं अन्तर्वृत्ति के समग्र अन्तर्बाह्य रूप और वस्तु का निर्माण करता है; साहित्य की समीक्षा नहीं, साहित्य के दर्शन की रचना करता है। यहाँ यह बात रेखांकित की जानी चाहिए कि शुक्ल जी के पहले की समीक्षा साहित्य के होने का प्रमाण शास्त्र में, नीति और नियम में देखती थी। शुक्ल जी पहले समीक्षक थे, जिन्होंने साहित्य का प्रमाण स्वयं रचयिता के भीतर ढूँढ़ा। अवश्य ही रचयिता के भीतर वह डूबना एकतान डूबना और उतराना नहीं था। शुक्ल जी की आरंभिक गम्भीर समीक्षा के नमूने—'चिन्तामणि भाग-1' में संकलित मनोविकारों सम्बन्धी उनके निबन्ध-इस बात के उदाहरण हैं कि वे मनुष्य के अन्तर्बाह्य, दोनों को एक साथ लेकर मानव-मन के भीतर डुबकी लगाते हैं। उनका भाव भी मन की सरल वृत्ति नहीं, मानव-जीवन की समस्त प्रवृत्तियों का प्रवर्तक मनोविकार है। लोकरंजन और लोकरक्षा की सारी व्यवस्था का ढाँचा ही इस भाव पर खड़ा है। इससे आगे बढ़कर विश्व के धर्म शासन, राज शासन और मन शासन—सब में इस भाव की ही शक्ति आधार रूप है। इसलिए शुक्ल जी की भाववादी दृष्टि एक संश्लिष्ट और समग्र दृष्टि है। इस दृष्टि में वह फाँक नहीं जो अन्तर और बाह्य में रूप और वस्तु में परस्पर भेद करे बल्कि जहाँ भी मौका मिला है, शुक्ल जी ने दोनों की एकता को ही बलपूर्वक प्रतिपादित किया।

शुक्ल जी की दृष्टि मुख्यतः पड़ताल और खोज की दृष्टि है। बिना इसके वह सिर्फ़ परम्परा का पिष्टपेषण करनेवाली देश और काल की सीमा से बँधी दृष्टि होती। परम्परा के जीवित अंशों का अपने समय के सन्दर्भ में निरन्तर आविष्कार करते रहना और उसमें नए तन्तुओं की कलम लगाते चलना उस दृष्टि के ही कारण था। उनके मनोविकार सम्बन्धी निबन्ध ही ले लीजिए। इनमें ठेठ हिन्दुस्तानी मन को उसकी चौहद्दियों में पश्चिमी ज्ञान-विज्ञान की सर्चलाइट से ही प्रकाशित किया गया है। शुक्ल जी के आदर्श और विश्वास भारतीय ही हैं, पर उनके प्रति नई आसक्ति वे पैदा करते हैं पश्चिमी विवेचन-पद्धति के विश्लेषणात्मक औजारों का इस्तेमाल कर। रस, अलंकार, छन्द, रीति, लक्षण आदि की धारणा साहित्य के केन्द्र में स्थापित मनुष्य को पूरी तरह समझने में, उसे अपने समय के परिपार्श्व में परिभाषित करने में पर्याप्त सिद्ध नहीं हो रही थी। आलोचना में अन्तर्वृत्ति के जिस व्यवच्छेद की बात शुक्ल जी ने उठाई थी, वह भी बहुत दूर तक सम्भव न थी। इसलिए शुक्ल जी को आधुनिक मनोविज्ञान का सहारा भी लेना पड़ा। इन आधुनिक उपकरणों द्वारा शुक्ल जी ने भारतीय साहित्यशास्त्र की अनेक धारणाओं

को अधिक ग्राह्य और व्यापक बनाया, मनुष्य-हृदय और जगत् के नाना रूपों के साथ उसके सम्बन्धों (इन सम्बन्धों की मार्मिक अभिव्यक्ति ही साहित्य है), क्षितिज का विस्तार किया। शुक्ल जी की समालोचना में इसी से 'रसानुभव' या 'ब्रह्मानन्द' सहोदर जैसे प्राचीन प्रत्यय प्राचीन नहीं लगते, एक नई अर्थवत्ता और प्रासंगिकता ग्रहण कर लेते हैं। भारतीय साहित्यशास्त्र का 'साधारणीकरण' और पाश्चात्य साहित्यशास्त्र का सम्प्रेषण का सिद्धान्त लगभग समानार्थी लगते हैं। 'लोकहृदय' और 'लोकमंगल' एक नई सामयिकता से मंडित हो उठते हैं। 'चिन्तामणि भाग-1' में भारतेन्दु हरिश्चन्द्र के अवदान पर लिखते समय शुक्ल जी ने बताया है कि कैसे भारतेन्दु ने देश के परम्परागत साहित्य को तत्कालीन जीवन के प्रवाह से फिर से जोड़ दिया और इस तरह साहित्य और जीवन में जो एक भारी विच्छेद पैदा हो जाने की आशंका थी, उससे उन्होंने हमें बचाया। शुक्ल जी ने यही काम विचार के क्षेत्र में किया। प्राचीन साहित्यिक धारणाएँ प्रस्तुत जीवन के संस्पर्श से अलग-अलग दूरारूढ़ और पंडितजनों के शास्त्र-विनोद अथवा वाग-विलास का माध्यम-भर थीं। उधर पश्चिम की अनुप्रेरणाओं से जीवन का व्यापक क्षेत्र उससे अलग नए-नए तथ्यों की विश्रृंखल स्थली बना हुआ था। दोनों एक-दूसरे से असंपृक्त थे। इसी से साहित्य मीमांसा में कोई नया खमीर नहीं पैदा हो रहा था। शुक्ल जी ने दोनों को अपने समीक्षा-कर्म से जोड़कर वह नया खमीर पैदा किया। पूरब को पश्चिम की आँख से देखा और परखा और पश्चिम को पूरब की कसौटी पर कसा और एक नई सामंजस्य बुद्धि से अपनी समालोचना का स्वतंत्र रास्ता बनाया। इस रास्ते पर चलनेवाले शुक्ल जी में सधाव के साथ-साथ कभी-कभी एक टटोल, एक मूल्यवान सम्भ्रम भी हमें मिलता है, अर्थ की दिशा में बढ़ता हुआ शब्द-प्रयत्न। यह चीज ही उनके विवेच्य आशय को हम तक ले आती है, हमारी सम्वेदना के कपाटों पर बहुत दूर तक दस्तक देती है।

किन्तु शुक्ल जी के समय में उनकी आलोचना के स्वच्छन्द पथ को विद्वानों ने शक की निगाह से देखा। पुरानों ने उनकी आलोचना को विलायती मत से ग्रस्त बताया, तो नयों ने उन्हें अतीतकालीन आर्य व्यक्ति, प्राचीन व्यवस्था का पोषक कहा। किसी को उनका काम मात्र तथ्य-संकलन लगा तो किसी को उनकी काव्य सम्बन्धी मान्यताओं में अन्तर्विरोध-ही-अन्तर्विरोध दिखाई दिए। समग्र सत्य को जब उसके द्वंद्वात्मक सिरों से पकड़ने की कोशिश की जाती है तब अन्तर्विरोध का जन्म होता है। यह अन्तर्विरोध शुक्ल जी में भी था, किन्तु बिना इस अन्तर्विरोध के आचार्य रामचन्द्र शुक्ल वह न होते जो कि वे हैं। घटित हो चुकी काव्य-परम्परा और घटित होनेवाली काव्य-परम्परा के बीच के अन्तराल को अपनी चेतना और

उससे बढ़कर अपनी संवेदना की धार पर प्रत्यक्ष करनेवाले काव्य-मनीषी। उनका अन्तर्विरोध कहाँ था?

वे देश और काल को एक सूत्र में एकाग्र और परिभाषित करना चाहते थे। देश के सन्दर्भ में उनकी दृष्टि संस्कृत क्लासिक्स और हिन्दी-भक्ति काव्य से निर्मित हुई थी। यह उनका संस्कार था। काल की चेतना उनके अपने समय में चारों ओर से बह-बहकर आनेवाला यथार्थ था। यह यथार्थ उनका परिवेश था। शुक्ल जी आदर्श और यथार्थ, संस्कार और परिवेश को एक-दूसरे पर एक-दूसरे के लिए न्योछावर नहीं करते, वे दोनों को एक साथ स्वायत्त करना चाहते हैं जबकि उनके समय के छायावादी मनुष्य-चेतना की इन दोनों सत्ताओं को अपनी भावोत्तेजना में परस्पर एक-दूसरे में घुला देना और एक-दूसरे में तिरोहित कर देना चाहते थे। शुक्ल जी दोनों के अस्तित्व की रक्षा करते हुए दोनों को सम्पूर्ण पाना चाहते थे। इस सम्पूर्ण पाने में कोई-न-कोई चीज छूट जाती है। उन्होंने भारतीय क्लासिक्स से उत्पन्न अपने काव्यादर्श को अपने वक्त का यथार्थ बनाकर पाना चाहा और उस यथार्थ को आदर्श की ऊँचाइयों तक ले जाकर छूना चाहा। यह एक साहसिक चेष्टा थी। किन्तु समय-प्रवाह को कोई भी दृष्टि, चाहे वह आदर्श की हो या यथार्थ की, सिर्फ़ आलोकित कर सकती है, उसे साहित्य और रचना के कितने भी बड़े बिम्ब में बाँधकर रख नहीं सकती। शुक्ल जी ने साहित्य का अपना जो बिम्ब निर्मित किया, उसमें छायावाद-रहस्यवाद के लिए ज़्यादा समाई न थी। कला और लालित्य भी वहाँ सन्दिग्ध थे, कबीर के अक्खड़पन और ललकार के लिए कोई स्थान न था। व्यक्तिवाद के साथ-साथ संघ-शक्ति के प्रति शंका थी। शुक्ल जी के काव्य-चिन्तन में ये वे छूटी हुई जगहें हैं जो एक दृष्टि-विशेष और वास्तविक जीवनानुभूति की द्वंद्वात्मकता में अन्तर्विरोध बनकर प्रकट हुईं। द्वंद्वात्मकता का यह अन्तर्विरोध—या अन्तर्विरोध की द्वंद्वात्मकता?—शुक्ल जी की शक्ति भी थी और सीमा भी। इसका केन्द्र अवश्य ही शुक्ल जी के व्यक्तित्व के भीतर कहीं रहा होगा। वह व्यक्तित्व एक संश्लिष्ट व्यक्तित्व था, अपने संस्कारों से प्राप्त और परिवेश अर्जित तत्त्वों का अनोखा समवाय। शुक्ल जी के जीवन की रंग-रेखाओं में उसके कुछ सूत्र खुलते और छिपते हुए देखना एक सार्थक उपक्रम होगा।

# जीवनवृत्त

आचार्य रामचन्द्र शुक्ल का जन्म उत्तर प्रदेश में बस्ती जिले के अगौना नामक गाँव में सन् 1884 में हुआ था। इनके पिता का नाम पं. चन्द्रबली शुक्ल था। रामचन्द्र शुक्ल के बचपन के पाँच वर्ष अगौना में ही बीते। फिर उनके पिता ने नौकरी कर ली और सपरिवार 1891 में हमीरपुर जिले की राठ तहसील में सुपरवाइजर कानूनगो बनकर आ गए। यहाँ शुक्ल जी एक वर्ष तक रहे। इसके बाद पं. चन्द्रबली शुक्ल का परिवार सन् 1893 में मिर्ज़ापुर आया जहाँ शुक्ल जी सन् 1908 में काशी जाने तक रहे। शुक्ल जी के जीवन में इन 23 वर्षों का इतिहास उनकी संस्कार-चेतना और व्यक्तित्व-निर्माण का इतिहास है। काशी आगमन के बाद से उनके जीवन का एक नया इतिहास खुलता है, जिसे उनके संघर्ष और उपलब्धि का इतिहास कहा जा सकता है। शुक्ल जी का देहावसान काशी में ही सन् 1941 में हुआ। शुक्ल जी के आरम्भिक युवावस्था के दिन मिर्ज़ापुर में बीते, इसलिए उसे ही उनकी संस्कार-भूमि मानना होगा। काशी उनकी कर्मभूमि रही। इन दोनों भूमियों में फैले शुक्ल जी के जीवनवृत्त का प्रामाणिक कच्चा चिट्ठा हमें जिस एकमात्र प्रकाशित स्रोत से मिलता है— वह है पं. चन्द्रशेखर शुक्ल की पुस्तक 'रामचन्द्र शुक्ल'। चन्द्रशेखरजी शुक्ल जी के अनुज के पुत्र थे और शुक्ल जी के सान्निध्य में वर्षों तक रहे थे। उन्होंने बहुत परिश्रम से इस पुस्तक में शुक्ल जी के बारे में ज्ञातव्य तथ्यों का संग्रह किया है। साथ ही, जगह-जगह उन्होंने उस सामाजिक सांस्कृतिक जीवन के तथ्यों को भी जुटाने की कोशिश की है, जिनसे शुक्ल जी के व्यक्तित्व के निर्माण और विकास की दिशाओं को समझने में सहायता मिलती है।

राठ में सात वर्ष की उम्र में शुक्ल जी का अक्षरारम्भ हुआ। तत्कालीन समाज में मुस्लिम संस्कृति और तहजीब का बोल-बाला था। पिता चन्द्रबली शुक्ल उसके रंग में खासे रँगे थे। जन प्रचलित ठेठ अवधी के स्थान पर वे घर में भी अरबी-

फारसी बहुल शिष्ट उर्दू ही बोलते थे। सम्भवतः उन्हीं के प्रभाव से शुक्ल जी की आरम्भिक शिक्षा अन्य विषयों के साथ-साथ फारसी-उर्दू में भी हुई। सन् 1893 में मिर्ज़ापुर आने पर रमई पट्टी मुहल्ले के एंग्लो-संस्कृत जुबली स्कूल में उनका नाम लिखाया गया। वहीं से चौदह वर्ष की वय में उन्होंने उर्दू के साथ अंग्रेजी लेकर मिडिल पास किया। इसके बाद वे लन्दन मिशन स्कूल में भर्ती हुए, जहाँ से 1901 में उन्होंने स्कूल फाइनल परीक्षा पास की। शुक्ल जी का पढ़ने-लिखने में मन लगता था और योग्य अध्यापकों के प्रोत्साहन से उनका अंग्रेजी ज्ञान काफी पुष्ट हो चला था। उनके अंग्रेजी ज्ञान को बढ़ाने में पं. रामगरीब चौबे नामक शुक्ल जी के पिता के स्नेहभाजन एक विद्वान का भी हाथ था, जो शुक्ल जी को अंग्रेजी की चुनी-चुनी श्रेष्ठ पुस्तकें ला दिया करते थे। सम्भवतः इसी कारण मिडिल पास करते-करते शुक्ल जी को एम. ए. के विद्यार्थियों जैसी अंग्रेजी आने लगी थी। चन्द्रशेखर शुक्ल हमें बतलाते हैं कि सिर्फ़ सोलह वर्ष की आयु में—स्कूल फाइनल परीक्षा पास करने के पहले ही शुक्ल जी ने एडिसन के 'एसे ऑन इमेजिनेशन' का 'कल्पना के आनन्द' नाम से हिन्दी अनुवाद कर डाला था।

वह समय उर्दू-फारसी के वर्चस्व का था, किन्तु देश की कुछ घटनाओं से हिन्दी प्रचार भी जुड़ गया था। उस वक्त के स्थिर समाज में ऐसी ही एक घटना थी, आर्य समाज का आन्दोलन। हिन्दू-समाज की रूढ़ियों को तोड़ने के साथ-साथ इसने निज भाषा और संस्कृति के प्रति भी लोगों का ध्यान आकृष्ट किया। पं. चन्द्रबली शुक्ल भी इसके प्रभाव से न बच सके। आर्य समाज की पुस्तकों एवं ग्रंथों के अध्ययन से 'रामायण' और 'महाभारत' के प्रति उनमें जिज्ञासा पैदा हुई। 'कुरान शरीफ़' की आयतों के साथ-साथ सूर, रसखान, तुलसी और मीरा भी उन्हें कण्ठस्थ हुए। वे अपने बच्चों को इनके पद गा-गाकर सुनाया करते थे। फिर घर में शुक्ल जी की पितामही—पं. चन्द्रबली शुक्ल की माताजी—थीं, जिनकी वाणी पर 'श्रीरामचरितमानस' के पद गूँजा करते थे। घर के भीतर कानों में हिन्दी के इन क्लासिक कवियों की रचनाओं के स्वर निरन्तर पड़ते रहने से शुक्ल जी के भाषा-संस्कार की जड़ पड़ी।

पिता ठेठ देहाती जीवन के भक्त थे। उस समय के शहरों में भी भला क्या हलचल रही होगी—क्योंकि औद्योगिकता से वे तब कोसों दूर थे, पूँजी और व्यापार सब सामन्ती ढंग पर ही चल रहा था। पर गाँव तो एकदम स्थिर समय के बँधे-बँधाए चित्र थे। एक तरह से स्तब्ध समय के चित्र। चाहे अगौना हो चाहे राठ या फिर मिर्ज़ापुर, जीवन की गति की लय वही थी। संस्कारशील लय। आत्मनिष्ठ लय। यह लय बनी थी परम्परा से, वर्णव्यवस्था से, अटूट श्रद्धा से, कष्ट सहिष्णुता

से, परदुख-कातरता और धैर्य से। यांत्रिकता की कहीं छाँह तक न थी। खेती अभी भी उत्तम मानी जाती थी और सम्मिलित परिवार अभी भी समाज रचना की रीढ़ थे। जाति व्यवस्था मजबूत थी, पर लोगों में परस्पर सौहार्द था, विद्वेष नहीं। पैसा मानव-सम्बन्धों का आधार न बना था। प्रकृति-प्रेम इस प्रकार के जीवन का संस्कार था। इस प्रकृति में पेड़-पौधे, नदी, ताल-तलैया और पर्वत तो थे ही, पशु-पक्षी भी शामिल थे। पं. चन्द्रबली शुक्ल को घोड़े, सुग्गे और कुत्ते पालने का शौक था। उनकी माताजी भी, जिन्हें सब 'दूघू' कहा करते थे और जिन्होंने शुक्ल जी के बचपन के संस्कारों को सँवारा था, सुग्गे पालती थीं। स्वयं शुक्ल जी जीवन-भर कोई-न-कोई पशु-पक्षी पालते रहे। प्रकृति-प्रेम के संस्कार भी शुक्ल जी को पिता से मिले। चन्द्रबलीजी ने रमई पट्टीवाले अपने मकान के बगीचे में भाँति-भाँति के पेड़-पौधे उगा रखे थे। इस सन्दर्भ में दो बातें उल्लेखनीय हैं। एक तो सुगन्धित फलों-फूलों के अतिरिक्त उन्होंने निर्गन्ध किंशुक, भडभाँड, सेहुंड़, मदार जैसे ठेठ देहाती पादप भी लगाए और दूसरे यह कि पेड़ों के प्राकृतिक रूपों को उन्होंने कभी कटवा-छँटवाकर सुडौल बनाने की चेष्टा नहीं की। शुक्ल जी के प्रकृति-प्रेम में ये दोनों ही संस्कार गहराई से मिले हुए प्रतीत होते हैं।

प्रकृति-प्रेम एक स्थिर समाज में मानव-सम्पृक्ति की—उसमें प्रवाहित राग धारा की—वाणी है। इस स्थिर समाज में सम्बन्ध—मनुष्य के मनुष्य के साथ, मनुष्य के प्रकृति के साथ—सम्पुष्ट, दृढ़ और एकजुट होते हैं। आज के औद्योगिक एवं अनस्थिर समाज की तरह विषमता-मूलक, खंड-खंड और अस्त-व्यस्त नहीं। मिर्ज़ापुर में प्रकृति का प्रसार शुक्ल जी के संस्कारशील मन पर उस समय के जीवनरूपों के समानान्तर एक गहरी एवं स्थायी सम्पृक्ति के साथ अंकित हो गया। अपनी कविताओं में उन्होंने इस प्रकृति-प्रेम के सहज रूपों को ही स्मरण किया है, पर अपने साहित्य चिन्तन में तो यह प्रकृति मानव-मन एवं मानव-रचना के अधिक गूढ़ व्यवहारों की दार्शनिकता—मूल्य बोध के धरातल—से संयुक्त हो जाती है। शुक्ल जी की काव्य सम्बन्धी अनेक धारणाओं का मूल और फल प्रकृति के विभिन्न व्यापारों का निरीक्षण और उनकी रागात्मक सम्पृक्ति ही है। प्रकृति उनकी साहित्य-चिन्ता का संस्कार है। यह संस्कार उनमें दृढ़ हुआ अपने समय में उपलब्ध मनुष्य और प्रकृति के उसी सहज एकात्म और परस्पर निर्भर सम्बन्ध से! इसे 'कविता क्या है?' उनके प्रथम महत्त्वपूर्ण निबन्ध के एक उद्धरण में यों देखा जा सकता है। (यहाँ याद रखने की बात यह है कि 1909 में छपा यह निबन्ध सन् 1903 में लिखा गया था जब शुक्ल जी मिर्ज़ापुर की सुरम्य पहाड़ियों और उपत्यकाओं में अपनी मित्र-मंडली के साथ कवित्त रचते घुमक्कड़ी किया करते थे।) भावों को काव्य

का मूल स्रोत मानते हुए शुक्ल जी इस भाव से तादात्म्य के आदिम एवं मार्मिक रूप प्रकृति के विभिन्न व्यापारों में दिखाते हुए कहते हैं : "वन, पर्वत, नदी, नाले, निर्झर, ' कछार, चट्टान, वृक्ष, लता, झाड़ी, फूल, शाखा, पशु-पक्षी, आकाश, मेघ, नक्षत्र, समुद्र इत्यादि (प्रकृति) के ऐसे ही चिरसहचर रूप हैं। खेत, ढुर्री, हल, झोंपड़े, चौपाये इत्यादि भी कम पुराने नहीं हैं। इसी प्रकार पानी का बहना, सूखे पत्तों का झड़ना, बिजली का चमकना, घटा का घिरना, नदी का उमड़ना, मेह का बरसना, कुहरे का छाना, डर से भागना, लोभ से लपकना, छीनना, झपटना, नदी या दलदल से बाँह पकड़कर निकालना, हाथ से खिलाना, आग में झोंकना, गला काटना ऐसे व्यापारों का भी मनुष्य जाति के भावों के साथ अत्यन्त प्राचीन साहचर्य है। ऐसे आदिम रूपों और व्यापारों में, वंशानुगत वासना की दीर्घ परम्परा के प्रभाव से, भावों के उद्‌बोधन की गहरी शक्ति संचित है, अत: इनके द्वारा जैसा रस-परिपाक सम्भव है वैसा कल-कारखाने, गोदाम, स्टेशन, एंजिन, हवाई जहाज ऐसी वस्तुओं तथा अनाथालय के लिए चेक काटना, सर्वस्वहरण के लिए जाली दस्तावेज बनाना, मोटर की चाबी घुमाना या एंजिन में कोयला झोंकना आदि व्यापारों द्वारा नहीं।" एंजिन कोयले कारखाने आदि की दुनिया—एक जटिल हो रही उद्विग्न समाज रचना—से शुक्ल जी का समय अभी बहुत दूर था। अभी वह स्थायी भावों-भावमूलों की दुनिया का समय था और इस समय की छाप शुक्ल जी पर स्थायी रही। आगे चलकर अवश्य—जब काशी में उनके जीवन का संघर्ष-युग शुरू हुआ और वे परिवर्तनशील देशी-विदेशी प्रभावों (अनुभूतियों की कक्षा से चलकर ज्ञानयोग और कर्मयोगी की कक्षा) में आए—उन्होंने उस दूसरे निर्मित हो रहे समय को, जिसमें तमाम तरह की मानव-जटिलताएँ थीं, स्वीकार किया और यह माना कि इस जटिलता के प्रसार के साथ कविकर्म निरन्तर जटिल होता जाएगा।

पर यहाँ मिर्ज़ापुर में अभी तो उनका युवामन निर्धान्त, उन्मुक्त मानव-जीवन के सहज रूपों में ही उलझा हुआ था। सन् 1901 में स्कूल फाइनल करने के बाद उन्होंने इलाहाबाद में कायस्थ पाठशाला में इंटरमीडिएट में पढ़ने के लिए नाम लिखाया, पर घर में अशान्ति के कारण लौट आए। इसके पहले सन् 1896 में ही उनका विवाह और 1898 में गौना हो चुका था। 1902 में प्लीडरशिप की परीक्षा में बैठे, पर उत्तीर्ण न हुए। 1903 में कचहरी में अप्रेंटिसशिप शुरू की, पर चार-पाँच दिन में वहाँ के वातावरण से उनका मन ऐसा खट्टा हुआ कि उन्हें सरकारी नौकरी से घृणा हो गई। इस कारण जब 1904 में उन्हें नायब तहसीलदार बनने का सुयोग हासिल हुआ तो उसे उन्होंने ठुकरा दिया। लगभग इसी समय उन्होंने अंग्रेजी में अपना पहला निबन्ध what has India to do 'हिन्दुस्तान रिव्यू' में छपाया, जिसमें

भारतवासियों के कर्तव्य और सरकारी नौकरियों के प्रति उनके दृष्टिकोण का पता चलता है। नौकरी की उन्होंने मिर्ज़ापुर में ही। लन्दन मिशन स्कूल में ड्राइंग मास्टरी की। तनख्वाह थी 20 रुपए महीना। इस पद पर वे काशी जाने के पहले 1908 तक बने रहे। चित्र रचना के संस्कार का उपयोग भी शुक्ल जी ने अपनी काव्य सम्बन्धी मान्यताओं को स्पष्ट करने के लिए यत्र-तत्र किया है। मिसाल के लिए 'रस-मीमांसा' में एक जगह पर वे वाल्मीकि और तुलसीदास के वर्षा वर्णन की परीक्षा चित्रकला के प्रयोग की कसौटी पर करते हैं। चित्रकला के इस प्रयोग की विधि द्वारा वे वाल्मीकि, कालिदास, भवभूति आदि कवियों में प्राकृतिक दृश्यों के वर्णन को बाद के कवियों की बनिस्बत अधिक पूर्ण, संश्लिष्ट और सूक्ष्म निरीक्षण से युक्त बताते हैं। शुक्ल जी के साहित्य विमर्श में जो चित्रकला और साहित्यशास्त्र की शब्द-ध्वनियाँ अन्तर्भुक्त हो जाती हैं—और सारा विवेचन एक चित्र रचना की सी सुस्पष्टता, मूर्तता और रूपकात्मकता ग्रहण कर लेता है—उसका श्रेय अंशत: शुक्ल जी के इन दिनों के चित्रकला प्रेम को दिया जाना चाहिए। बाद में भी चित्रकला के प्रति उनका अनुराग बना रहा।

मिर्ज़ापुर में 16-17 वर्ष की अवस्था तक पहुँचते-पहुँचते शुक्ल जी को नवयुवक हिन्दी प्रेमियों की एक खासी मित्र मंडली मिल गई थी, जिनमें श्री काशीप्रसाद जायसवाल, बाबू भगवानदास हालना, पं. बद्रीनाथ गौड़, पं. लक्ष्मीशंकर द्विवेदी और उमाशंकर द्विवेदी प्रमुख थे। रमई पट्टी में सैर-सपाटे के साथी कुछ और भी थे और इन सैरों की अनुभूतियाँ और शब्द-चित्र शुक्ल जी के 'हृदय का मधुरभार' शीर्षक कविता में सुरक्षित है। बाद में शुक्ल जी का साथ भारतेन्दु मंडल के प्रसिद्ध बदरीनारायण चौधरी 'प्रेमघन' से हो गया, जिनका उन पर चिरस्थायी प्रभाव पड़ा। चन्द्रशेखर शुक्ल ने प्रेमघन जी के अलावा दो अन्य सज्जनों को शुक्ल जी के इस काल के जीवन का निर्माता माना है। वे हैं—बाबू बलभद्र सिंह और पं. विंध्येश्वरी प्रसाद तिवारी। विंध्येश्वरी जी संस्कृत साहित्य के ज्ञाता, आचारवान, तेजस्वी और निष्ठावान उदार व्यक्ति थे। वे शुक्ल जी के वन-बिहार के अनन्य साथी थे। वाल्मीकि, कालिदास और भवभूति का परिचय शुक्ल जी को इन्हीं से मिला। बाबू बलभद्र सिंह के अद्‌भुत धैर्य, साहस और कष्ट-सहिष्णुता के कारण—बिना क्लोरोफॉर्म सूँघे पीठ पर भयंकर कारबंकल के ऑपरेशन में पैंतालीस दिन तक रोज बिना आह किए चाकू चलवाते रहना—शुक्ल जी को शिवि, दधीचि आदि के पौराणिक चरित्र सच लगने लगे थे और सम्भवत: यही घटना शुक्ल जी की उस काव्य धारणा के मूल में हो, जहाँ वे कोमलता और कठोरता (वज्रादपि कठोराणि मदूनि कुसुमादपि) के संयुक्त रूप को अपना लोकादर्श और काव्यादर्श मानते हैं

और जिसका जीता-जागता उदाहरण वे राम के चरित्र में देखते और दिखाते हैं।

चौधरी बदरी नारायण उपाध्याय उर्दू में 'अन' उपनाम से और हिन्दी में 'प्रेमघन' नाम से कविता करते थे। 1876 में उन्होंने 'कवि वचन सुधा' निकाली और 1881 में एक स्वतंत्र प्रेस खरीदकर 'आनन्द कादम्बिनी' नामक मासिक हिन्दी पत्रिका का प्रकाशन शुरू किया। शुक्ल जी का प्रथम परिचय 'प्रेमघन' से 1896 में हुआ। प्रेमघन ने शुक्ल जी को हिन्दी की तरफ बहुत प्रोत्साहित किया। फलस्वरूप, हिन्दी का "पहला संवादात्मक लेख 'भारत और वसन्त' नाम से 1896-97 में 'आनन्द कादम्बिनी' में ही प्रकाशित हुआ।" इसके बाद से शुक्ल जी उक्त पत्रिका में बराबर छपने लगे और 1903 में तो 'प्रेमघन' ने उन्हें उसके सम्पादन का भार भी सौंप दिया। 1900 में 'सरस्वती' निकलनी शुरू हुई, उसमें शुक्ल जी की पहली कविता 'मनोहर छटा' बाबू श्यामसुन्दर दास के सम्पादन काल में सन् 1900-1 में छपी। शुक्ल जी का महत्त्वपूर्ण निबन्ध 'कविता क्या है?' पहले-पहले 'सरस्वती' में ही निकला। तब उसके सम्पादक महावीर प्रसाद द्विवेदी थे।

1907 में 'हिन्दुस्तान रिव्यू' में प्रकाशित उनके अंग्रेजी लेख 'व्हाट हैज इंडिया टु डू' का उल्लेख हो चुका है। सन् 1904 से 1907 तक इलाहाबाद के 'दि इंडियन पीपुल' अखबार में हिन्दी लेखकों की कुरीतियों पर उन्होंने एक लेखमाला लिखी। 1906 से 1908 तक 'मॉडर्न रिव्यू' में भी सामयिक हिन्दी पुस्तकों की आलोचनाएँ समय-समय पर छपती रहीं। हिन्दी में अनेक विषयों पर उनकी रचनाएँ 'सरस्वती और 'आनन्द कादम्बिनी' में छप ही रही थीं। वे पर्याप्त चर्चित भी थे। उनमें अपने जीवन के प्रति आत्मविश्वास पैदा हो चला था और वे अपने को कवि और लेखक की कोटि में गिनने लगे थे, किन्तु देखा जाए तो यह समय वास्तविक अर्थों में उनका अप्रेंटिसशिप काल था और वे मानो अपने को गुरुतर दायित्वों के लिए तैयार कर रहे थे। भविष्य में काशी जाकर जो कोश-कार्य और शिक्षण-कार्य उन्हें करना था, उसके लिए अरबी, फारसी, उर्दू, संस्कृत, हिन्दी और अंग्रेजी ज्ञान की आवश्यक जमीन तैयार हो चुकी थी। यह जमीन प्रकृत भाषा की जमीन थी, जिसमें आगे चलकर शुक्ल जी ने अपनी साहित्य-मनीषा को आविष्कृत, उद्घाटित और उपलब्ध किया। यह प्रकृत भाषा अपने बुनियादी रूप में फारसी-उर्दू की फ़साहत से जितनी दूर है, उतनी ही संस्कृत की क्लिष्ट तत्सम प्रकृति से भी। यह अपने सहज रूप में एक चलती हुई भाषा है और इस भाषा को शुक्ल जी ने मिर्ज़ापुर रहते ही अर्जित कर लिया था। आगे इस भाषा में 'रस-मीमांसा' जैसा शास्त्रीय गूढ़ विवेचन भी मिलेगा, पर सतह के भीतर थोड़ा कुरेदिए तो भाषा का वही ठेठ, देशज, सरल, स्वच्छन्द रूप आपकी आँखों को अर्थ की जानी-पहचानी रंग-रेखाओं से भर देगा।

इस बीच 1893 में हिन्दी भाषा के उन्नयन के लिए 'काशी नागरी प्रचारिणी सभा' की स्थापना हो चुकी थी। 1907 में उसने हिन्दी का एक बृहत् कोश बनाने का निश्चय किया। बाबू श्यामसुन्दर दास बी. ए. इस कोश के प्रधान सम्पादक बनाए गए और पं. बालकृष्ण भट्ट, लाला भगवानदीन, बाबू अमीर सिंह, बाबू जगन्मोहन वर्मा और रामचन्द्र शुक्ल इसके सहायक सम्पादक नियुक्त हुए। इसके पहले 1906 में शुक्ल जी के हितैषी और मिर्ज़ापुर में मेयो मेमोरियल लाइब्रेरी (जहाँ शुक्ल जी घंटों बैठकर अध्ययन करते रहते थे) के अध्यक्ष पं. केदारनाथ पाठक की प्रेरणा से शुक्ल जी का परिचय श्यामसुन्दर दास से हो चुका था। अक्टूबर 1908 में शुक्ल जी रमई पट्टी छोड़कर बनारस आ गए। 'हिन्दी-शब्दसागर' नामक इस कोश का काम 1927 में समाप्त हुआ। कोश-निर्माण के काम में शुक्ल जी ही आदि से अन्त तक जुटे रहे। अर्थ संकोच के कारण अन्य सम्पादक आते रहे, जाते रहे। बाबू श्यामसुन्दर दास ने 'मेरी आत्म कहानी' में लिखा है कि कोश ने शुक्ल जी को बनाया और कोश को शुक्ल जी ने। यह शुक्ल जी के काम पर एक अर्थ-गर्भ टिप्पणी है। इस काम के निमित्त से शुक्ल जी भाषा के अनन्त जीवित स्रोतों से जुड़े शब्द और अर्थ के भीतर गहरी दृष्टि प्राप्त की और उस व्यापक जन-जीवन की वास्तविकता से साक्षात्कार किया, जो भाषा का जनक है।

1919 में शुक्ल जी हिन्दू विश्वविद्यालय में नियुक्त हुए। वे निबन्ध लेखन पर अंग्रेजी में क्लास लेते थे। वेतन था, 60 रुपया महीना, पर कुटुम्ब बड़ा था और सबके पालन-पोषण का भार अकेले शुक्ल जी पर। इसके लिए बहुत-सा 'हैकवर्क' उन्हें करना पड़ता था। थोड़े-से पैसे के लिए पुस्तकें लिखनी पड़ती थीं, अनुवाद करना पड़ता था, परीक्षा की कापियाँ जाँचनी पड़ती थीं। इसी अर्थ-संघर्ष के कारण तो वे 1940 तक हाईस्कूल का परीक्षक बनना न छोड़ सके। पैसे की तंगी का यह हाल था कि ज्येष्ठ पुत्र के डिप्टी कलेक्टर और द्वितीय पुत्र के स्कूल मास्टर बन जाने के बाद भी घर से विश्वविद्यालय जाने के लिए किसी सवारी का प्रबन्ध न कर सके। 1936 में श्यामसुन्दर दास के विश्वविद्यालय से अवकाश प्राप्त करने पर शुक्ल जी हिन्दी विभाग के अध्यक्ष बनाए गए, तब आर्थिक कष्ट से उन्हें कुछ राहत मिली। यहाँ यह उल्लेख कर देना आवश्यक है कि 1924 में एक वर्ष के लिए शुक्ल जी विश्वविद्यालय से छुट्टी लेकर अलवर नरेश की नौकरी करने के लिए अलवर गए, किन्तु वहाँ के ठाठ-बाटवाले राजसी वातावरण में उनका मन न लगा और वे वापस लौट आए।

1921 में बाबू श्यामसुन्दर दास ने शुक्ल जी से कोश की प्रस्तावना के रूप में 'हिन्दी साहित्य का इतिहास' लिख देने की बात चलाई। चूँकि 1921 तक

कोश का सम्पादन एक तरह से लगभग समाप्त हो चुका था, इसलिए शुक्ल जी ने इतिहास पर 1922-23 से ही कार्य शुरू कर दिया था और 1927 तक उसका प्रारूप लगभग तैयार हो चुका था। यही प्रस्तावना 1929 में 'हिन्दी साहित्य का विकास' के रूप में कोश के साथ प्रकाशित हुई। उसके थोड़े दिनों बाद वह 1929 में ही अलग से पुस्तकाकार भी प्रकाशित हुई। 1940 में इतिहास का संशोधित और परिवर्द्धित संस्करण निकला, जिस पर 'नागरी प्रचारिणी सभा' ने शुक्ल जी को 20 प्रतिशत रॉयल्टी देना स्वीकार किया। इतिहास के प्रकाशन को लेकर शुक्ल जी और बाबू श्यामसुन्दर दास के बीच कुछ मनोमालिन्य भी हो गया था, जिसका विस्तृत विवरण चन्द्रशेखर शुक्ल ने अपनी किताब में दिया है।

1929 तक शुक्ल जी की प्रमुख-प्रमुख कृतियाँ प्रकाशित हो चुकी थीं। इनमें मनोविकार सम्बन्धी निबन्ध (1912-18), काव्य में प्राकृतिक दृश्य (1924), तुलसी ग्रंथावली, भ्रमर गीतसार और जायसी ग्रंथावली की भूमिका-स्वरूप लिखे गए उनके तीनों प्रबन्ध (जिनका संक्षिप्त रूप 'त्रिवेणी' नाम से बाद में अलग पुस्तकाकार प्रकाशित हुआ), 'हिन्दी साहित्य का इतिहास' (1929) और 'काव्य में रहस्यवाद' आदि आलोचनाएँ और 'हृदय का मधुर भार' नामक लम्बी कविता तथा छायावाद-रहस्यवाद के विरोध में लिखी, उनकी पोलेमिकल कविता 'पाखंड प्रतिषेध' शामिल है। इसके अलावा उनके दो प्रसिद्ध अनुवाद, एक गद्य में एक पद्य में थे, निकल चुके। ये थे अंग्रेजी में 'रिडिल ऑफ द यूनिवर्स', का 'विश्वप्रपंच' नाम से किया हुआ अनुवाद जिसकी 155 पृष्ठों की बृहत् भूमिका से शुक्ल जी के वैज्ञानिक-दार्शनिक स्वभाव का पता चलता है और एडविन आरनल्ड के 'लाइट ऑफ एशिया' का सरस ब्रजभाषा में 'बुद्ध चरित' नाम से किया गया पद्यानुवाद। 1929 के बाद के वर्षों में प्रकाशित उनकी प्रमुख चीजें हैं—'साधारणीकरण', 'व्यक्ति-वैचित्र्यवाद', इन्दौरवाला भाषण (जो 'काव्य में अभिव्यंजनावाद' शीर्षक से बाद में चिन्तामणि भाग-दो में संकलित हुआ) और 'रस-मीमांसा' के अधिकांश लेख।

शुक्ल जी की ये प्रौढ़ कृतियाँ उनके जीवन के काशी खंड की देन हैं। अवश्य ही इनमें विकसित, पुष्पित और पल्लवित विचारों के कुछ बीज उनमें पहले ही विद्यमान थे, उनकी संस्कार भूमि मिर्ज़ापुर के समय से। किन्तु जीवन और चिन्तन के क्षेत्र में जो घात-प्रतिघात उन्हें काशीकाल में झेलने पड़े, उनसे ही उनकी वास्तविक प्रतिभा का निर्माण हुआ। विचार के क्षेत्र में शुक्ल जी की उद्भावनाएँ साहित्य जगत् में रगड़ पैदा कर रही थीं और वातावरण गर्म हो रहा था। पुरानों को वे नए लग रहे थे और नयों को पुराने। किसी ने उन्हें 'मध्यकालीन संस्कृति का हिमायती' बताया तो किसी ने उनकी आलोचना को चार-छः चुने हए अंग्रेजी ग्रंथों का सार। शुक्ल जी

को सबसे अधिक विरोध का सामना करना पड़ा, रहस्यवाद सम्बन्धी अपनी धारणा के कारण। शुक्ल जी दरअसल कविता में एक प्रकार की प्रकृत रहस्यवादिता के विरोधी न थे। उनका विरोध रहस्य के साम्प्रदायिक रूप से था। इसे वे अतर्क्य और अतिरेकी मानते थे। इस रहस्यवाद के विरुद्ध उन्होंने अपने प्रकाशवाद का प्रस्ताव रखा। 'पाखंड प्रतिषेध' में उन्होंने रहस्यवाद को चुनौती देते हुए लिखा :

*काव्य में रहस्य कोई वाद है न ऐसा जिसे*
*लेकर निराला कोई पंथ ही खड़ा करे।*
*यह तो परोक्ष रुचि रंग ही की झाईं है जो*
*पड़ती है व्यक्त में अव्यक्त बिम्बता धरे।*
*पूरब में शुद्ध रूप में था यह यहाँ, वहाँ*
*पश्चिम में पहुँचा पखंड के प्रमाद तक।*
*जूठा औ' पुराना यह पच्छिमी पखंड ले के*
*होती है नवीनता की डींग भरी बकबक।*

मजे की बात यह है कि गद्य में रहस्यवाद के विरोध की अपेक्षा पद्य में व्यक्त उनके विरोध से लोग ज़्यादा तिलमिलाए। इस सन्दर्भ में निराला की 'कॉलेज का बचुआ' शीर्षक कविता की कुछ पंक्तियाँ द्रष्टव्य हैं, जिनमें उन्होंने शुक्ल जी की उपहासास्पद मूर्ति अंकित की है :

जब से एफ. ए. फेल हुआ,
हमारे कॉलेज का बचुआ।
हिन्दी का लिख्खाड़ बड़ा वह,
जब देखो तब अड़ा पड़ा वह
छायावाद-रहस्यवाद के
भावों का बटुआ।

लेकिन इस विरोध के वातावरण के बाद शुक्ल जी की आलोचना स्थापित हो चली थी। उनका साहित्य का इतिवृत्त और मूल्यांकन, तथ्य-संग्रह और विवेचन-विश्लेषण, सैद्धान्तिक उद्भावनाएँ और व्यावहारिक समीक्षा के प्रबन्धात्मक लेख और फुटकल लेख—सब मिलकर हिन्दी समीक्षा का एक नया मान और आदर्श गढ़ रहे थे। शुक्ल जी की समीक्षा ने जो सबसे बड़ा काम किया, वह यह कि साहित्य को मात्र मनोविनोद या कलावार्ता के स्तर से ऊपर उठाकर कृतिकर्म के एक गम्भीर नैतिक दायित्वपूर्ण स्तर पर प्रतिष्ठित किया। शुक्ल जी की आलोचना

से गुजर चुकने के बाद साहित्य की समझ—साहित्य में बिम्बित मनुष्य और समाज के रिश्तों की समझ—वैसी न रह सकती थी जो शुक्ल जी के पूर्व थी : उसमें एक गुणात्मक परिवर्तन आना अनिवार्य था। तुलसी, जायसी और सूर के काव्य के प्रति एक सर्वथा नई लोक-सम्पृक्ति शुक्ल जी ने पैदा की—जायसी को तो एक तरह से उन्होंने आविष्कृत किया, वैसे ही जैसे अंग्रेजी में इलियट ने जॉन डन को किया था। तुलसी के अपने विशद विवेचन के द्वारा उन्होंने लोक प्रचलित 'सूर सूर तुलसी शशी' की धारणा को ही उलट दिया। सूर के काव्य से व्यापक सहानुभूति न रखते हुए भी तुलसी के रसिक शुक्ल जी ने सूर काव्य की अन्यतम विशेषताओं को जिस सूक्ष्म अन्तर्दृष्टि से पकड़ा, वह अप्रतिम है। अपने इतिहास में उन्होंने जिसे प्रतिष्ठित कर दिया, वह हमेशा के लिए प्रतिष्ठित हो गया। घनानन्द जैसे मर्मी और रससिद्ध कवियों की पहचान शुक्ल जी के बिना अज्ञात या अल्पविदित ही रह जाती। सैद्धान्तिक समीक्षा के क्षेत्र में शुक्ल जी ने एक नई नींव डाली। जो मात्र काव्य शास्त्र विनोद न था, उसे समाज और व्यक्ति के सम्बन्धों की जीवन्तता से सामयिक और अर्थवान बनाया। शुक्ल जी का रस एक गूढ़ इन्द्रियातीत अनुभूति नहीं, ब्रह्मानन्द सहोदर नहीं, व्यक्ति मन का अपने वृहत्तर परिवेश की अनुभूति में लय हो जाना है। साहित्य को वास्तविक अर्थों में समाज का दर्पण समझने और समझाने का काम सम्भवतः पहली बार सम्भव हुआ। शुक्ल जी अपनी साहित्य दृष्टि को एक और मंच प्रदान करने के लिए अपने निरीक्षण में समालोचना का एक पत्र भी निकालना चाहते थे। पं. विश्वनाथ प्रसाद मिश्र शुक्ल जी की पुस्तक 'सूरदास' के प्रथम संस्करण की भूमिका में बताते हैं कि उस पत्र का नामकरण भी शुक्ल जी ने कर दिया था—मानदंड—यद्यपि उनके आकस्मिक निधन से यह कार्य पूरा न हो सका।

यह सब हुआ उनके जीवन के काशी खंड में ही। जीवन में भी और साहित्य में भी यह उनके जूझने, घिसने, लड़ने-भिड़ने, पिसने, खोने-पाने का काल था। इस दुर्धर्ष जीवन-खंड के लिए शुक्ल जी को प्राण रस और ऊर्जा कहाँ से मिलती थी? निःसन्देह उनके प्रकृति-विहार से। बनारस में रहते हुए भी उनका मन मिर्ज़ापुर में बिताए दिनों के लिए तरसता रहता था। जब भी मौका मिलता, उधर भाग निकलते। वहाँ उन्हें प्रकृति की उन्मुक्त हरी-भरी गोद मिलती। विंढम और चचाई प्रपात मिलते। मिर्ज़ापुर के अलावा शुक्ल जी ने मध्यप्रदेश में उज्जैन, जबलपुर, अमरकंटक, साँची, भेलसा, सरगुजा आदि की स्मरणीय यात्राएँ की। चित्रकूट घूमे। कोश निर्माण के समय में जम्मू, श्रीनगर और गुलमर्ग भी हो आए। बड़ौदा और भरतपुर भी वे गए। इन्दौर और बम्बई भी। पर उनकी आँखों को चैन, दिल को राहत और दिमाग को

पोषण मिलता था प्रकृति के खुले अनन्त रूपों में विचरकर ही। प्रकृति के बनावटी रूप से उन्हें चिढ़ थी, इसलिए भेड़ाघाट का संगमरमर की चट्टानोंवाला रूप उन्हें निस्पन्द, ठंडा और भड़कीला लगा। वे प्रकृति के उन्मुक्त और सहज और देसी रूपों के प्रेमी थे।

तभी तो 'सीतल गुलाब जल' और 'चहबच्चन' में बैठे हुए कविजी की अपेक्षा उन्हें तलैया के कीचड़ में बैठकर जीभ निकाल-निकाल हाँफते हुए कुत्ते का चित्र अधिक प्राकृतिक लगता है। एक बार बसन्त ऋतु में साँची के स्तूप के निकट पहाड़ी से नीचे उतरते हुए उन्हें टपकते हुए महुओं की खुशबू ने विभोर कर दिया और उनके मुँह से निकल पड़ा, "महुओं की कैसी महक आ रही है?" तब इस सरल उद्गार में साथ चल रहे जिन लखनवी महाशय को देहातीपन की बू आई, उनकी बाबू समझ पर तीखा कटाक्ष करना शुक्ल जी नहीं भूलते। प्रकृति-प्रेम के मामले में शुक्ल जी ठेठ देहाती थे भी। यह संस्कार उन्हें अपने पिता से मिला था। उन्हें हिमालय की भव्य उदात्तता नहीं, छोटे-छोटे पहाड़ों की विविधवर्णी साधारणता मोहती थी। प्रकृति के सरस और विरस, कठोर और कोमल, शान्त और उग्र, कटु और मधुर—दोनों रूप उन्हें प्यारे थे। पारसी शैली का कटा-छँटा, परिष्कृत, तड़क-भड़कवाला गमले या रविशों में कैद प्रकृति-सौन्दर्य उन्हें नापसन्द था। ऐसे रूप में हृदय का विस्तार भी कहाँ सम्भव होता, आत्मानुभूत को सर्वानुभूत तक ले जाने की उससे दृष्टि कहाँ प्राप्त होती? शुक्ल जी एक जगह तो प्रकृति-प्रेम को देश-प्रेम में—या देश-प्रेम को प्रकृति-प्रेम में—ही बदल देते हैं। 'काव्य में प्राकृतिक दृश्य' नामक अपने निबन्ध में वे कहते हैं : "यदि किसी को अपने देश से सचमुच प्रेम है तो उसे अपने देश के मनुष्य, पशु, पक्षी, लता, गुल्म, पेड़, पत्ते, वन, पर्वत, नदी, निर्झर आदि सबसे प्रेम होगा। वह सबको चाह-भरी दृष्टि से देखेगा। वह सबकी सुध करके विदेश में आँसू बहावेगा। जो यह भी नहीं जानते कि कोयल किस चिड़िया का नाम है, जो यह भी नहीं सुनते कि चातक कहाँ चिल्लाता है, जो यह भी आँख-भर नहीं देखते कि आम प्रणय-सौरभपूर्ण मंजरियों से कैसे लदे हुए हैं, जो यह भी नहीं झाँकते कि किसानों के झोपड़ों के भीतर क्या हो रहा है, वे यदि दस बने-ठने मित्रों के बीच प्रत्येक भारतवासी की औसत आमदनी का परता बताकर देश-प्रेम का दावा करें तो उनसे पूछना चाहिए कि भाइयो! बिना रूप-परिचय का यह प्रेम कैसा है?"

शुक्ल जी के लेखे वास्तविक देश-प्रेम किसी अर्थशास्त्र का गुलाम नहीं, वह सच्चा प्रकृति-प्रेम ही है और यह प्रकृति भी मनुष्य-विरहित नहीं है। बेशक इस प्रकृति में जो रमेगा, वह इस देश का ठेठ देहाती ही होगा, परिष्कृत रुचि का बनावटी शहरी नहीं।

उत्तरप्रदेश के छोटे शहर आज भी देश की गाँव-गँवई आत्मा के किंचित सजे-सँवरे बने-ठने रूप ही लगते हैं, शुक्ल जी के समय में तो उन पर देहात का रंग कुछ ज़्यादा ही गाढ़ा रहा होगा। पर काशी विद्या का केन्द्र था और विश्वविद्यालय के माध्यम से नए ज्ञान-विज्ञान का प्रसार होने लगा था। शुक्ल जी ठहरे पुराने पढ़ाकू; मिर्ज़ापुर में थे, तब मेयो मेमोरियल लाइब्रेरी की प्राय: सब किताबें चाट चुके थे। यहाँ अपने विश्वविद्यालय की नौकरी में पुस्तकों और पत्र-पत्रिकाओं का जैसे उनके लिए एक नया संसार ही खुल गया। इतिहास के लेखनकाल में कितनी ही नई-पुरानी देसी पोथियों का अवलोकन-मंथन उन्होंने किया होगा, पर उनके अन्य प्रबन्धों से, विशेषकर इन्दौरवाले भाषण से यह विदित होता है कि वे पाश्चात्य साहित्य जगत् की नवीनतम प्रवृत्तियों की भी अच्छी खोज-खबर रखते थे। बाहर क्या हो रहा है, साहित्य और कला में किन आन्दोलनों का बोलबाला है, इसकी जानकारी वे रखते थे। सिर्फ़ जानकारी नहीं बल्कि यह विवेक भी कि कौन-सी प्रवृत्ति हमारी हिन्दी के स्वभाव और प्रकृति के अनुकूल है और कौन-सी प्रतिकूल, खतरा किससे है और किस बिन्दु पर। उनकी देहाती मेधा सब कुछ को ठोक-परखकर अंगीकार करना ही जानती थी। देसी साँचे में ढला यह आदमी यदि एक ओर परम गम्भीर है तो दूसरी ओर सहज विनोदी भी। जीवन-संघर्ष की तल्खियों को वह व्यंग्य की सौम्य धार पर तौलता है। दूसरों पर अत्याचार या अन्याय होते देख वह कालाग्नि सदृश क्रोध से भर उठता है, पर उसके भीतर का मर्म शीघ्र ही करुणा में पिघल भी पड़ता है। उसका जीवन अन्तर्विरोधों का जीवन नहीं, विरुद्धों के सामंजस्य का जीवन है।

सामाजिक विचारों में महामना मालवीय के सहनशील हिन्दू आदर्शों के प्रति अनुरक्ति एक तरफ, तो राजनीति में तिलक की उग्रपंथी विचार-धारा का समर्थन दूसरी तरफ। तथापि वह धर्म और राजनीति को अलग-अलग खानों में रखना ही पसन्द करते हैं। उनका घालमेल एक ऐसी पेचीदगी है जो उनकी समझ में नहीं आती। शुक्ल जी शायद इसीलिए गांधीजी के विरुद्ध थे। उन्होंने गाँधीजी के खिलाफ 1921 में 'नॉन को-ऑपरेशन मूवमेंट एंड नॉन-मर्केंटाइल क्लासेस' शीर्षक से अंग्रेजी में एक लेख लिखा था जो पटना के 'एक्सप्रेस' अखबार में छपा था। शुक्ल जी का सत्याग्रह और अहिंसा में विश्वास न था। जीवन में केवल प्रेम और शान्ति पक्ष पर बल देने के कारण वे टॉल्सटॉय की भी आलोचना करते थे। शुक्ल जी शायद परिवर्तन की कोई और प्रक्रिया चाहते थे। इस प्रक्रिया को उन्होंने बहुत स्पष्ट नहीं किया है, किन्तु वह क्रान्ति द्वारा परिवर्तन नहीं था, सामंजस्य द्वारा प्रेरित था। वह यह जरूर चाहते थे कि इस परिवर्तन में एक सहज ताप और तेज हो, एक मर्यादाबद्ध लड़ाकूपन हो, अराजकता नहीं और न ही आत्मसमर्पण।

मिर्ज़ापुर से समरस जीवन में काशी के संघर्षमय जीवन का मेल होने से ही वह विशेष प्रकार का सक्रिय सामंजस्य भाव उनमें पैदा हुआ होगा, जिसके भीतर द्वंद्व की चिनगारियाँ भी होती हैं, हलचल भी और एक निरुद्वेग आन्तरिक स्थैर्य भी। मिर्ज़ापुर के संस्कारों ने काशी के कर्ममय जीवन को एक नया पुख्तापन दिया, एक भीतरी टेक प्रदान की तो काशी खंड ने पूर्व अर्जित आधारों को एक नया खुलाव और दिशा दी।

रमई पट्टी में अपने दुर्बल स्वास्थ्य के कारण शुक्ल जी 'झिनकू बाबू' के नाम से जाने जाते थे, पर उनकी दुबली काया का एकाएक 1910 में कल्पान्तर हो गया, जब वे कोश-कार्य के सिलसिले में चन्द माह जम्मू रह आए। अब उनकी देहयष्टि वही हो गई, जिसके चित्र द्वारा शुक्ल जी हिन्दी संसार में पहचाने जाते हैं। मोटी गर्दन, बड़ी-बड़ी कटी-छँटी मूँछें, लम्बी नुकीली नाक, हृष्ट-पुष्ट मांसल शरीर लेकिन इस 'भरे-पूरेपन' के बावजूद शुक्ल जी कई व्याधियाँ पाले हुए थे। पेट उनका शुरू से ही खराब रहा, बाद में चलकर बवासीर ने और आ घेरा। भयंकर कब्ज और सिरदर्द भी साथ-साथ चलते रहे। 1928 में उन्हें हाइड्रोसील हो गया जो अन्त तक रहा, किन्तु सबसे बड़ा कष्ट श्वास कष्ट था। अपने पिता की तरह शुक्ल जी भी दमे के रोगी थे। इसका प्रकोप उन्हें सबसे पहले 1921 में हुआ और तब से वे हर साल बसन्त में दमे से पड़ जाया करते थे। चन्द्रशेखर लिखते हैं : "अधिक बोलने या जोर से बोलने पर भी उनका श्वास कष्ट बढ़ जाता था। फेफड़े इतने कमजोर हो गए थे कि ज़रा-सी सर्दी या ठंडी हवा लगने से साँस रुकने लगती थी।" यह 1921 के दौरे के बाद की हालत थी, पर आगे भी उनकी यह हालत कमोबेश बनी रही। निरन्तर दवाओं के इस्तेमाल से उनका हृदय कमजोर हो गया था। 1930 से उनकी दूर की दृष्टि भी कमजोर हो गई। उनकी आँखों पर चश्मा चढ़ गया। बिना चश्मे के दस गज़ दूर की चीज भी न देख सकते थे। 1935 में मन्दाग्नि की भीषण शिकायत हुई, जिसका स्थायी इलाज किसी दवा ने नहीं, 1937 में एक पहाड़ी सैर ने कर दिया। जो शुक्ल जी साल में आठ महीने किसी-न-किसी रोग के चक्कर में पड़े रहते थे, वे प्रकृति यात्रा का कोई मौका हाथ से न जाने देते थे। पर काशी का अर्थ-संघर्ष उनके स्वास्थ्य पर भारी पड़ रहा था। "शुक्ल जी 1934 तक अपने विश्वविद्यालय जाने के लिए किसी सवारी का प्रबन्ध न कर सके। घर से दुर्गाकुंड तक हाँफते हुए पैदल चलकर इक्का करते थे और लौटते समय डॉक्टर श्यामसुन्दर दास या हरिऔधजी के ताँगों से आते थे।" किन्तु 1937 में हिन्दी विभाग का अध्यक्ष बन जाने से उनकी आर्थिक स्थिति सुधरी। शरीर के बाक़ी कष्ट भी, सिर्फ़ दमे और हाइड्रोसील को छोड़कर, दब गए थे। वे अपना काम-काज मजे से करने लगे

थे। हर साल की तरह 1941 के जाड़े में भी दमे ने उन्हें दबोचा—पन्द्रह-बीस दिन के आरम्भिक प्रकोप के बाद वह दब-सा गया—सबने समझा इस वर्ष का संकट टल गया। शुक्ल जी ने 31 जनवरी तक विश्वविद्यालय की क्लासें भी ली, लेकिन 1 फरवरी की रात को पुन: दमे का दौरा पड़ा और इस बार वह जानलेवा साबित हुआ। 2 फरवरी 1941 को शुक्ल जी का निधन हो गया।

आलोचना रचना की अनुगामिनी नहीं, उसके साथ चलनेवाली क्रिया है—शुक्ल जी की आलोचना एक अत्यन्त सृजनात्मक युग के भीतर ही सम्भव हुई थी। शुक्ल जी ने यह काम किया कि उनके समय की जो आलोचना रचना से बहुत दूर पर पीछे घिसट रही थी, उसे रचना के समकक्ष पहुँचा दिया। लेकिन यह काम उन्होंने अपने जीवन का रक्त-स्वेद बहाकर किया। शुक्ल जी की उत्कृष्ट आलोचना रचना ही है। शायद इसलिए शुक्ल जी के अवदान को सबसे अधिक एक रचनाकार ने पहचाना। निराला ने अपनी 'श्रद्धांजलि' शीर्षक कविता में लिखा—

*अमा निशा थी समालोचना के अम्बर पर*
*उदित हुए जब तुम हिन्दी के दिव्य कलाधर...*

इन पंक्तियों को लिखते समय निराला के मन में शुक्ल जी की वह छाप रही होगी जो एक महान सर्जक के मन में एक महान समकालीन के प्रति होती है। शुक्ल जी ने भी 'पाखंड प्रतिषेध' में चाहे जो लिखा हो, अपने इतिहास के संशोधित संस्करण में निराला की कविता को उसका वास्तविक सम्मान दिया।

# मिथ में बदलता आदमी

आज़मगढ़ में टोंस नदी का किनारा। उस पार के खेतों में गेहूँ पक गया था। सफ़ेदीपन लिये हुए पीले डंठल और लगभग कत्थई पड़ चली बालियाँ झुकी पड़ रही थीं। हवा थी। नदी के दोनों किनारों में खूब घनी बनघासें उगी थी और पानी के नीचे मोटी काई की हरी-नीली चादर के ऊपर छोटी-छोटी मछलियों की लहर इधर-से-उधर आ-जा रही थी। घाट की सीढ़ियों के पत्थर जगह-जगह से खिसक गए थे।...

घाट से लगे हुए कबीरपंथियों के बहुत पुराने मठ और उपासनाघर। निर्जन। मठ को चारों ओर से घेरे हुए ऊँचे सघन पेड़ थे, जो उस पूरे इलाके को एक छोटे-मोटे वन की हैसियत प्रदान करते थे। चिड़ियों की आवाजें आ रही थीं। उन आवाज़ों के अन्तराल को हवा कभी सूखे पत्ते खड़काकर तो कभी नदी में मछलियों की एक दुबली-पतली छप् उठाकर भर रही थी। आसमान में सूरज डूबने के पहले की रंगारंग हलचल...

इन सबको छोड़कर आगे बढ़ो तो एक चटियल मैदान था, अपनी रौंदी हुई धूल में चारों खाने चित्त। उसके बाद से ही शहर का पिछड़ापन शुरू होता था, अपने मक्खी-मच्छर, धुएँ, शोर, स्कूल, कचहरी, हलवाई की दुकानों, अख़बार के स्टॉलों, रंडी और शराब के अड्डों के साथ। इस पिछड़ेपन को शहर के तमाम सारे मुहल्लों में से एक नाम दे दिया गया था। प्रकृति इस पिछड़ेपन के पहले तक थी और जहाँ जाकर हम उस पिछड़ेपन में शामिल हो गए थे, वहाँ वह हमसे छूट गई थी। और जहाँ ज़्यादातर समय पिछड़ेपन के बीच ही रहना हो, वहाँ प्रकृति उत्तेजित-प्रेरित नहीं करती।

धूल में लस्त-पस्त उस मैदान में खड़े-खड़े—जिसके पीछे थी प्रकृति और आगे था पिछड़ापन—मुझे रामचन्द्र शुक्ल की याद आई। पिछले कई महीनों से मैं

शुक्ल जी की 'रस-मीमांसा' पढ़ता रहा था। उससे उलझता, जूझता, उस पर मुग्ध होता, खीजता, झुँझलाता, चकित होता रहा था। इस समय जबकि मैं उस मैदान में खड़ा था, मुझे याद आई 'रस-मीमांसा' की वे पक्तियाँ, जिनमें आलोचक रामचन्द्र शुक्ल की कटी-छँटी घनी मूँछ, पतली कमानी का चश्मा, गोल टोपी और मोटी गर्दन से बनने वाली रोबदार मुखाकृति के बावजूद एक सरस, निश्छल और भावुक हृदय के भाव-सत्य हैं। वे भाव-सत्य शुक्ल जी के प्रकृति ने मार्मिक तथ्यों को बीनकर उन पर अपनी कल्पना का रंग चढ़ाकर रचे हैं। और इस रचने के कर्म से मानो उनकी कटी-छँटी सघन मूँछें मुस्करा उठी हों, पतली कमानी के चश्मे के नीचे सोच में डूबी आँखें अपने चारों ओर का सौन्दर्य-प्रसार देख एकाएक चमकने लगी हों, मोटी गर्दन प्रकृति के रूप-छन्द की ताल पर हौले-हौले हिलने लगी हो। मुझे याद आईं वे पंक्तियाँ, जिनमें समीक्षा के स्वेद-रक्त-धूल से सने मैदान का अर्थ प्रकृति के स्पर्श से पंखयुत हो उठा है, नए-नए अंकुर फेंकने लगा है। यह पंखयुत अर्थ किसी कविता की परिभाषा के लिए नहीं रचा गया, किसी गढ़ साहित्य-तत्त्व के शास्त्रीय विवेचन के लिए नहीं अंकुराया गया। यह पंखयुत अर्थ दरअसल उस सामान्य मनुष्य के लिए है जो अपने समय के पिछड़ेपन में घिरा है। शुक्ल जी बार-बार उस मनुष्य को गुहारते हैं कि सदा अपने भीतर ही न धँसे रहो, बाहर आओ और देखो, देखो और महसूस करो।

मैंने कहा—आचार्यप्रवर, मैं तो पहले ही बाहर हूँ। मैं आपका बतलाया हुआ वह भावयोग कैसे साधूँ, कि मेरे सामने का यह पिछड़ापन अपने तमाम मक्खी-मच्छर, धुएँ, शोर, स्कूल-कचहरी, हलवाई की दुकानों, अख़बार के स्टालों, रंडी और शराब के अड्डों के साथ सरासर तथ्य न रहकर सत्य में बदल जाए। पिछड़ेपन का यह टुकड़ा देश के पिछड़ेपन के और-और टुकड़ों में मिल जाए, इस पिछड़ेपन में घिरे हुए सब मनुष्य एक हो जाएँ; एक और अपने से बाहर—किसके रू-ब-रू? किसके खिलाफ़? किसके प्रति समर्पित?

मैं हिन्दी का एक छोटा-सा कवि सोचने लगा कि क्या मुझे इस प्रश्न के उत्तर की अपेक्षा शुक्ल जी से करनी चाहिए? शुक्ल जी के शब्द याद आए : "सत्य सबकी सामान्य सम्पत्ति होता है; झूठ हर एक का अलग-अलग होता है।" पर वह सत्य कहाँ है? क्या उस प्रकृति में, जिसकी तरफ़ मेरी पीठ है और जिससे गुजरकर मैं इस चटियल मैदान तक पहुँचा हूँ? या उस पिछड़ेपन की धमनी में रुँधे, सड़ते, कुलबुलाते मानव-सम्भावनाओं के रूपहीन, नामहीन समूह में जो इस मैदान के आगे है और ज़हाँ जाकर मुझे—आसमान में घिरते जाते अँधेरे के साथ—मिल जाना है?

शुक्ल जी ने कई गर्मियाँ आज़मगढ़ में बिताई थीं। उनके बड़े लड़के आज़मगढ़ में वकील थे और शुक्ल जी बनारस हिन्दू विश्वविद्यालय की अपनी प्राध्यापकी के दौरान ग्रीष्मावकाश में वहाँ जाया करते थे। घुमक्कड़ स्वभाव के शुक्ल जी ने टोंस का वह किनारा देखा होगा, वह कबीरपंथी मठ, वह घाट, वे लहरें, बनघासें, वृक्ष-वितान, सब...शहर का रूप तब शायद कुछ और रहा होगा, मुहल्लों के नाम भी शायद दूसरे रहे हों, पर यह पिछड़ापन? बेशक इसमें वह तेज़ाबीपन तब न रहा होगा जोकि आज है। टोंस के पानी को बाँधनेवाली हरी-नीली काई की वे जंजीरें भी तब न रही होंगी जोकि आज हैं, पर वे जोंके तो होंगी ही जो समाज के रुँधे हुए जल में पनपती हैं। वह धुआँ तो होगा ही जो हर भूखे खपड़ैल से उठता है और जीवन के कुल आकाश-अर्थों को चर जाता है। और मनुष्य? वह जो अपने अन्देशे से भी दुबला नहीं होता और वह जिसकी ठठरियों पर जरा मांस नहीं, वह जो अपनी पक्की हवेली में बैठकर हलवा-पूरी खाता है और वह जो झोंपड़ी में बैठा सूखे चने चबाता है, वह जिसके लड़के दुशाला ओढ़कर निकलें और वह जिसके बच्चे ठंड से काँपते रहें—यह वर्ग-भेद तब भी रहा होगा, शायद उतना नंगा और बेबाक और विस्फोटक नहीं जितना कि आज है। शुक्ल जी ने वह वर्ग-भेद देखा होगा, देखा और महसूस किया होगा। वे उसकी जड़ तक नहीं गए, क्योंकि उनके समय में प्रकृति और मनुष्य के पिछड़ेपन के बीच वह मैदान न था, वह तपता, धूल-धूसरित, मूल्य-बंजर मैदान।...उस मैदान में खड़े-खड़े मुझे याद आईं वे पंक्तियाँ, जिनमें अपने परिवेश की चिनगारियों से झुलसता हुआ भी रामचन्द्र शुक्ल का सामान्य मनुष्य कुछ आस्तिक मूल्यों को दृढ़ता से पकड़े हुए चलता चला जा रहा है।

शुक्ल जी के कई रूप हैं। एक रूप वह, जिसने हिन्दी साहित्य का इतिहास लिखा और गोया हमें वह झरोखा दिया, जिसमें बैठकर न सिर्फ़ साहित्य के इतिवृत्त का बल्कि उसे सम्भव बनानेवाले हवा-पानी-मिट्टी का भी जायजा लिया जा सके। एक रूप वह, जिसने छायावाद से लोहा लिया। एक वह, जो 'हृदय का मधुभार' हल्का करने के लिए स्मृतिजीवी कवि बना। एक वह, जिसने हिन्दी की विचार-शक्ति को देसी साँचे में ढालकर समालोचना के नए औजार गढ़े। एक ओर जिसने पूर्व और पश्चिम के द्वंद्व में अपनी जमीन का विवेक नहीं खोया और उससे बड़ी बात यह कि अपनी भाव-संवेदना के कपाट सदा खुले रखे, पर एक रूप जिसमें शुक्ल जी के सभी रूप समाहित हैं, याकि सभी रूप इस एक रूप से निकले हैं, वह है उनका विशिष्ट और विलक्षण के विरुद्ध सामान्य और सर्वानुभूत का पक्षधर रूप। शास्त्रीय खंडन-मंडन के तमाम घटाटोप के बावजूद शुक्ल जी के व्यक्तित्व

का यह मूल रूप छिप नहीं सका है। आश्चर्य है, उनके इस तेजस्वी रूप पर अब तक विश्वविद्यालयों के शोध-पत्रों की गर्द ही झड़ती रही, नए लेखकों ने अपनी जन-प्रतिबद्धता की साख कायम करने के नाम पर भी उसका स्मरण नहीं किया।

धरती शुक्ल जी के सामान्य मनुष्य का संस्कार है, आकाश उसका कर्म। अपने संस्कारों से वह धरती की ही तरह ठोस है, अपनी संवेदना में मूर्त और वस्तून्मुखी। अपने कर्म से वह उड़ता है, आदर्श के पक्ष में हाथ उठाता है। उसके कर्म की उड़ान उसे धरती के गोचर रूपाकारों से परे नहीं ले जाती बल्कि उसकी सूक्ष्म रसवत्ता से बाँधे रहती है। उसकी धरती का संस्कार उसे जड़, अतीतोन्मुख, गतिहीन नहीं बनाता बल्कि भाव-क्षेत्र में चीजों को मजबूती से पकड़ने और उन्हें उनके सही नामों से पुकारने की ऊर्जा देता है। धरती के सन्दर्भ में जो कुछ इन्द्रियातीत और अमूर्त है, उसे वह सन्दिग्ध मानता है। आकाश के सन्दर्भ में जो कुछ ज्ञानातीत और अलौकिक है उसे वह शक की निगाह से देखता है। प्रत्यक्ष यथार्थ से अलग अध्यात्म उसके लिए एक फ़रेब है, जैसे दूर कहीं धरती और आकाश का मिलन जो जब नज़र आता है तब धुँधलके में ही। यह धुँधलका ही वह छायावाद-रहस्यवाद है जिसके खिलाफ़ शुक्ल जी ने अपनी लड़ाई लड़ी।

शुक्ल जी की इस लड़ाई का हीरो उनका वही सामान्य मनुष्य है। इस सामान्य मनुष्य को अपने साहित्य-दर्शन के केन्द्र में स्थापित करने के पहले शुक्ल जी ने उसकी अच्छी तरह जाँच-पड़ताल कर ली है, उसे अन्दर-बाहर से खूब ठोक-बजाकर देख और दिखला लिया है। यह काम उन्होंने 1912 से 1918 के दौरान लिखे गए अपने मनोविकार सम्बन्धी लेखों में किया। इसके पहले का शुक्ल जी का कृतित्व एक तरह से उनका एप्रेंटिसशिप-काल है, उनकी असली साहित्य-यात्रा इन लेखों से ही शुरू होती है। इन लेखों को पता नहीं क्यों आलोचक और विद्वान 'मनोवैज्ञानिक लेख' कहते आए हैं जबकि इनमें कोई मनोवैज्ञानिक गुत्थी नहीं सुलझाई गई। ये लेख दरअसल मानव-राग-विराग का वह ईंट-गारा-लोहा-लक्कड़ हैं जिनसे साहित्य की इमारत का निर्माण होता है। इनमें शुक्ल जी ने मानवअस्तित्व के आधारभूत साँचों को पकड़ा है और उनसे साहित्य-रचना के विविध उपकरण और औजार गढ़े हैं। इन लेखों में शुक्ल जी मानो यह बतलाना चाहते हैं कि साहित्य के भीतर का मनुष्य और मनुष्य के भीतर का साहित्य, दोनों का मूल एक है : भाव। यह भाव महज एक रागात्मक वृत्ति नहीं, सिर्फ़ सेंटीमेंट नहीं, शुक्ल जी का 'तथ्य' है, जिससे वे मनुष्य और साहित्य तथा इनके परस्पर सम्बन्धों का ब्यौरेवार ग्राफ तैयार करते हैं। इसीलिए वे भाव को एकान्त अनुभव की थरथराती उँगलियों से नहीं,

विचार की मांसल दृढ़ता से पकड़ते हैं। इस भाव को वे हमेशा लोक-व्यवहार और नैतिक संवेदन की तुला पर तोलते रहते हैं। इससे एक तो भाव को आत्यान्तिक हो जाने की छूट नहीं मिल पाती; दूसरे, उसमें अराजकता के प्रवेश का डर नहीं रहता।

आत्यन्तिकता और अराजकता एक ही सिक्के के दो पहलू हैं और सामान्य मनुष्य के लिए सबसे बड़ा खतरा इन्हीं से है। इसलिए शुक्ल जी जहाँ भावदशा की बात करते हैं वहाँ उसे ज्ञानदशा के साथ-साथ रखते हैं, बल्कि इससे भी एक क़दम आगे जाकर दोनों को मिलाकर एक नया सर्जनात्मक घोल तैयार करते हैं और उसे 'रसदशा' का नाम देते हैं।

शुक्ल जी के इस रसवाद पर दुर्भाग्य से शास्त्रीयता की इतनी मोटी पर्त चढ़ चुकी है कि उसके भीतर छिपे सामान्य मनुष्य के चेहरे को टटोलना एक दुस्साहसिक कार्य ही माना जाएगा। यह एक विचित्र संयोग है कि रसवाद के प्रबल समर्थक और रसवाद के प्रबल विरोधी, दोनों ने ही उस चेहरे की पहचान को धुंधला बनाया है, पर हकीकत यह है कि शास्त्रीयता की इस मोटी पर्त को हटाकर शुक्ल जी के रसवाद को जरा उलटिए-पलटिए तो उसमें व्यक्ति और समाज, अन्तर्जगत् और बाह्यजगत्, रूप और वस्तु, अनुभूति और विचार जैसी मानव-जीवन की हमारी परिचित द्वंद्वात्मक इकाइयों को ही एक नए समीकरण में कसने की सर्जनात्मक उठान दिखाई देगी। शुक्ल जी के इस समीकरण में एक ओर यदि भारतीय क्लासिक परम्परा से प्राप्त सामग्री है तो दूसरी ओर अपने समय का वह सामाजिक-सांस्कृतिक परिदृश्य भी है, जिसमें परिवर्तन और उथल-पुथल की गूँजें सुनाई पड़ने लगी थीं। यह स्मृति और घटित का युग्म शुक्ल जी के दृश्य पटल के आगे बराबर रहा है। यदि उनका संवेदन स्मृति से रस खींचता है तो उनका विवेक घटित से उस रस को पकानेवाला ताप। इस समीकरण में परम्परा की स्मृति और यथार्थ का घटित चाहे बराबर के जोड़ीदार न हों, एक-दूसरे को आमने-सामने खुलकर चुनौती न देते हों, पर वे एक दूसरे को दरगुजर भी नहीं करते। उनमें एक संवाद लगातार बना रहता है। यह संवाद जिसे सम्बोधित है, वह है वही सामान्य मनुष्य।

इस सामान्य आदमी की जड़ गाँव है, वृत्त शहर। यही नक्शा स्वयं शुक्ल जी का भी है। भावुकता, प्रकृति-प्रेम, लोकधर्म का मूल्यादर्श, भाषा में ठेठ हिन्दी का ठाठ—यह है गाँव। भाव-वस्तु-सम्बन्ध का सिर्फ़ अनुभावन नहीं विश्लेषण, खंडन-मंडन, तर्क, कटाक्ष और तेवर—यह है शहर! गाँव में चीजें, प्रतीतियाँ और सत्य परस्पर भिने हुए हैं, अचल और शान्त और ह्रद। शहर में संवेदना की नाड़ी तेज चलती है, वहाँ तुर्शी और टकराव और विचलन है। शुक्ल जी का शहर उनके गाँव पर रोपा हुआ नहीं है, उससे कल्ले की तरह फूटा हुआ है। जो रोग गाँव में बहता

है, वही शहर में विचार बनकर फैलता और फूलता है। शुक्ल जी में राग और विचार के मेल से आदमी की जो रंगत उभरती है वह सामान्य का आदर्श है। इसीलिए वह आदमी पास का होता हुआ भी दूर का लगता है, सगा होते हुए भी सौतेला, सच होते हुए भी मिथ। राम में शुक्ल जी ने तुलसीदास के सच को नहीं, अपने सामान्य आदमी के उसी मिथ को साकार किया है। इस सामान्य आदमी का एक चित्र 'चिन्तामणि भाग-1' में संकलित 'लोभ और प्रीति' नामक निबन्ध में यों है : "मेरे देखने में तो वही रामभक्त-सा लगता है जो अपने पुत्र-कलत्र, भाई-बहिन, माता-पिता से स्नेह का व्यवहार करता है, रास्ते की चीटियाँ बचाता चलता है, किसी प्राणी का दुःख देख आँसू बहाता हुआ रुक जाता है, किसी दीन पर निष्ठुर अत्याचार होते देख क्रोध से तिलमिलाता हुआ अत्याचारी का हाथ थामने के लिए कूद पड़ता है, बालकों की क्रीड़ा देख विनोद से पूर्ण हो जाता है, लहलहाती हुई हरियाली देख लहलहा उठता है और खिले हुए फूलों को देख खिल जाता है।" एक जमाने में ड्राइंग मास्टर रह चुके समालोचक शुक्ल जी राम के जिस लोकरक्षक और लोकरंजक अथवा सौन्दर्य, शक्ति और शील के समन्वित भव्य रूप का बखान करते नहीं थकते, यह चित्र मानो उसी का रफ है। ज़रा ग़ौर से देखिए तो रामभक्त और राम एक ही धातु के बने नजर आएँगे। जो साधारण और सर्वानुभूत है वही विशिष्ट और समग्र। इसके बरक्स जो निरा विशिष्ट है, वह खंडित और अपूर्ण। राम दरअसल सामान्य आदमी का ही महाकाव्य रूप है, जीवन के समग्र पक्षों का प्रबन्धात्मक शरीर। इस महाप्रबन्ध में सब जनों के सब भाव हैं। इस महाधारा से जो अलग हैं, वह खंड-भाव की एक गीति-लहर है, विशिष्ट और सीमित। शुक्ल जी अपनी सहानुभूति में उस महाप्रबन्ध की सर्वलौकिकता के साथ हैं, इस लधु लोल लहर की ऐकान्तिक विशिष्ट छवि के साथ नहीं। यहाँ शुक्ल जी मात्र एक समालोचक नहीं रह गए हैं, वे स्रष्टा हो गए हैं, क्योंकि वे सच को मिथ में बदल रहे हैं।

और सच क्या है? शायद वह रामभक्त भी शुक्ल जी का असली सामान्य आदमी नहीं है। शायद वह रामभक्त भी सामान्य आदमी का रफ मात्र है। तो इस रफ का मूल क्या है? क्या वह शुक्ल जी के वर्तमान में कहीं था? अखंड और सम्पूर्ण, याकि खंडित और छिन्न? क्या शुक्ल जी ने उसे देखा था? देखा और महसूस किया था? शायद हाँ शायद नहीं। हाँ, इसलिए कि उन्होंने सामान्य आदमी का अखंडित वर्तमान देखा था। नहीं इसलिए कि उन्होंने सामान्य आदमी का खंडित भविष्य नहीं देखा था—

—बनारस में अस्सी से गुजरते हुए काशीनाथ सिंह ने सड़क की दूसरी तरफ़ हाथ से इशारा किया। मैंने देखा, बोसीदा कपड़ों में मुख्तसर-सा एक आदमी

बैसाखियों पर खड़ा भीख माँग रहा था। वह–विक्षिप्त-सा—आदमी आचार्य रामचन्द्र शुक्ल का नाती था। उस वक्त मैंने उस आदमी के चेहरे पर क्या कुछ देखा था? करुणा या व्यंग्य या आक्रोश? क्या वही शुक्ल जी के सामान्य आदमी का रफ था? खंडित और छिन्नमूल—

ऐसा क्यों होता है कि साहित्य तक आते-आते आदमी मिथ में बदल जाता है? ऐसा क्यों होता है कि मिथ में बन्द एक सचमुच के खंडित आदमी की तस्वीर एक झूठमूठ के सम्पूर्ण आदमी की तस्वीर बन जाती है? क्या इस अन्तर्विरोध की नोकें शुक्ल जी को भी चुभती थीं?

कोई-कोई रचना अन्तर्विरोधों को बढ़ाने में होती है। शुक्ल जी का समय उस रचना का समय नहीं था। तब द्विवेदीकाल के निदाघ में तपे कविता के सूखे उपवन में मानो सशरीर कामदेव की तरह छायावाद अपनी लाक्षणिक बहारें दिखा रहा था, भाषा-विहग को नव-स्वर नव-पर दे रहा था जो कि खड़ा-खड़ा सिकुड़ रहा था एक जगह वह सहसा फैलने लगा था, उड़ने लगा था। इतनी शिद्दत थी उस उड़ने में कि जो कुछ बाहर था वह भी उड़ान थी, जो कुछ भीतर था वह भी उड़ान थी। ठोस धरती-सा पुष्पों और पंखों के तले दबा हुआ वह जिसकी चमड़ी कड़ी धूप में दरक गई थी—वह ढहते महाजनी अर्थतंत्र में कसा-बसा किन्हीं स्थिर मूल्यों को हताश थामे हर परिवर्तन को अपनी आशंका में झेलता सामान्य मनुष्य—इस नए व्यक्तित्ववादी भाव-प्रसार में कहीं न था। था महज उसका बिम्ब—कमनीयता में ओझल, कर्म से असम्पृक्त, सूक्ष्म चित्र-सज्जा में जड़ित। छायावाद उस अन्तर्विरोध से निरपेक्ष था जिसका बीज—एक ओर ढहते महाजनी तंत्र तो दूसरी ओर पूंजीवाद-व्यक्तिवाद से फूटती ऊर्जा से प्रभावित—मनुष्य में पड़ चुका था। छायावाद ने उस बीज को उगने, पनपने, बढ़ने देने के योग्य खाद-पानी-मिट्टी का वस्तुवादी आधार देने के बजाय उसे अपने भावोत्तेजित राग में धुला-मिला लिया। इससे जब मनुष्य के सीने से आह फूटती थी तो लामुहाला गान बनकर ही, आग बनकर नहीं। इस रागात्मक घुलावट में क्रमशः वस्तु-व्यापार का अवमूल्यन होता गया। अप्रस्तुत प्रस्तुत पर छाता गया। फिर वह समय भी आया जब कविगण अनुभूति के अगम अगोचर संसार में निर्बन्ध डूबने-उतराने लगे। ऐसे में जो चीज साफ-साफ दिख रही हो, निकट की हो वह भी दूर-दूर, रहस्यमय और सांकेतिक नजर आने लगे तो क्या आश्चर्य! काव्य में जब अव्यक्त और अनिर्वचनीय की धूम हो तब अनुभूति की सही-सही पैमाइश और पड़ताल, उसके तथ्य और ब्यौरों का चुनाव और संघटन, उसकी मार्मिकता का अनुसन्धान और नियोजन क्योंकर ज़रूरी हो! इस पृष्ठभूमि में

जबकि सच्चे काव्य और काव्यस्फीति के बीच फर्क करना मुश्किल था और सब कुछ हृदयमय हो रहा था, शुक्ल जी का काव्य में बुद्धि-तत्त्व पर जोर देना लगभग एक क्रान्तिकारी बात थी।

बुद्धि का काम वस्तु को प्रत्यक्ष करना है। अनुभववाद की अतल गहराई में डूबी काव्यार्थ की धरती को महावराह की तरह मूर्त दृश्य-फलक पर सामने लाना है। बुद्धि-प्रसार से ही भाव-प्रसार सम्भव है, क्योंकि बुद्धि ही बाहर का गतिमय एक पूरा संसार प्रस्तुत करती है, भावोत्तेजन के लिए 'तथ्य' जुटाती है। जो लोग यह मानते हैं कि कविता कवि-मन के भीतरी परकोटे में ही निवास करती है, उनके कानों में शुक्ल जी जब-तब तुलसी का अपना यह प्रिय पद ठूँस देते हैं—

*अन्तर्जामिहु तें बड़ बाहिरजामी हैं राम, जो नाम लिये तें।*
*पैज परे प्रहलादहु को प्रगटे प्रभु पाहन तें, न हिये तें॥*

जो भीतर है, वहाँ केवल डुबाना है, भूलभुलैया है, अराजकता है। जो बाहर है असली पुरुषार्थ वही है, क्योंकि अपनी अनुभूति की सचाई को मूर्त और प्रत्यक्ष और वास्तविक वहीं किया जा सकता है। बाहर का हाड़-मांसमय वस्तु-संसार आगे, भीतर का तरल अनुभूति-रागमय संसार उसके पीछे। इस बात के मर्म पर उँगली रखते हुए शुक्ल जी कहते हैं : "यदि कवि ने ऐसी वस्तुओं और व्यापारों को अपने शब्द-चित्र द्वारा सामने उपस्थित कर दिया जिससे श्रोता या पाठक के भाव जाग्रत होते हैं, तो वह एक प्रकार से अपना काम कर चुका।" क्या यह बात बोलेगी हम नहीं वाली बात ही नहीं है? पर सोचिए, यह बात शुक्ल जी ने तब कही थी जब अनुभूति की साखी स्वयं अनुभूति थी। भाव और शब्द भीतर से उमड़ते थे और बाहर दो-चार पल अपनी चमक और रंगीनी दिखाकर भीतर-ही-भीतर खो जाते थे। शुक्ल जी ने भीतर की इस अतर्क्य तानाशाही को चुनौती दी, क्योंकि उन्होंने देखा कि यह भीतरवाद अन्ततः रहस्यवाद और कलावाद की ओर ही ले जाता है।

पर लगता है, उस भीतरवाद के विरोध की झोंक में शुक्ल जी कुछ ज़्यादा ही दूर तक निकल गए। 1935 में हिन्दी साहित्य सम्मेलन के इन्दौर अधिवेशन में साहित्य परिषद् के सभापति-पद से उन्होंने एक भाषण दिया था। उसमें रहस्यवाद-छायावाद की तार-तार बखिया उधेड़ने के सिलसिले में उनके मुँह से न जाने कैसे एक विस्फोटक वाक्य निकल गया। उस वाक्य का सार यह है कि वाच्यार्थ ही काव्य है, व्यंग्यार्थ नहीं। वाच्यार्थ याने अभिधा, व्यंग्यार्थ याने व्यंजना। इस वाक्य को जब मैंने पढ़ा तो चकराया। चकराया इसलिए नहीं कि शुक्ल जी जैसे भाववादी आलोचक के मुँह से यह वाक्य कैसे फूट पड़ा। चकराया इसलिए कि लगभग इसी

आशय को व्यक्त करने वाली बात उसके तीन दहाई बाद 'ताजी कविता' के प्रथम नागरिक ने प्रयोगवाद—नई कविता की तार-तार बखिया उधेड़ने के सिलसिले में कही। मुझे 'क ख ग' (इलाहाबाद से प्रकाशित त्रैमासिक) में छपे लक्ष्मीकान्त वर्मा के 'ताजी कविता : कुछ जोड़ बाकी' शीर्षक निबन्ध की वे पंक्तियाँ याद आईं, जिसमें उन्होंने छायावाद की भाव-रँगी व्यंजना-पगी काव्यभाषा और प्रयोगवाद—नई कविता की 'चार्ज्ड भाषा' के मुकाबले मैथिलीशरण गुप्त की ठंडी सड़क-छाप भाषा को आदर्श भाषा माना है—सड़क-छाप इसलिए कि उसमें कवि के भाव और शब्द सड़क के बीचोंबीच आगे-पीछे चलते हैं, सड़क की दो अलग-अलग पटरियों पर बीच में फासला रखते हुए नहीं। मतलब कि वह भाषा भाव को उतने ही तोला-माशा-रत्ती अर्थ के साथ व्यक्त करती है, जितना कि कवि चाहता है कि वह करे। मज़ा यह है कि शुक्ल जी ने भी अभिधा में ही काव्य है, यह दिखाने के लिए मैथिलीशरण गुप्त को ही याद किया। गुप्तजी की बस एक पंक्ति 'जी कर हाय पतंग मरे क्या' में उन्होंने क्या-क्या नहीं देख लिया! शायद छायावाद की अन्तर्मुखी लाक्षणिक व्यंजनावाली लतपथ काव्य-भाषा से मुक्त एक सीधी-सादी भाषा के अपने आदर्श का जीता-जागता विकल्प। हमारे अपने समय में भी डॉ. नामवर सिंह की अगुवाई में युवा कविता के अलमबरदारों ने कभी सपाटबयानी के बारे में सह-चिन्तन किया था तो शायद इसीलिए कि ये लोग भी बिम्बों-प्रतीकों के घटाटोप जंगल में घिरी कविता के वास्ते अपने जाने-पहचाने यथार्थ अर्थ की एक पगडंडी तलाश कर रहे थे। तो क्या शुक्ल जी का वाच्यार्थ, लक्ष्मीकान्त की ठंडी, नंगी भाषा और नए कवियों-आलोचकों की सपाटबयानी कहीं किसी बिन्दु पर मिलते हैं? या इनका नाता सिर्फ़ दूर की कौड़ियों का ही नाता है?

इसकी तफ़सील में हम नहीं जाएँगे। एक बात लेकिन तय है कि शुक्ल जी उस तरह सरासर अभिधावादी नहीं हैं, जैसा समझकर उनके विरोधी आलोचक कुपित और उनके प्रिय शिष्य तथा 'रस-मीमांसा' के सम्पादक पंडित विश्वनाथ प्रसाद मिश्र खिन्न हुए थे। अपने उसी इन्दौर वाले भाषण में एक जगह पर शुक्ल जी कहते हैं : ..."काव्य में योग्य अर्थ होना अवश्य चाहिए—योग्यता चाहे खुली हो या छिपी हो; अत्यन्त अयोग्य और असम्बद्ध प्रलाप के भीतर भी कभी-कभी काव्य के प्रयोजन-भर की योग्यता छिपी रहती है।" इस वाक्य में 'प्रलाप' शब्द पर ध्यान पहले अटकता है, फिर हम यह भी पाते हैं कि 'योग्य' के साथ 'अयोग्य' और 'खुली' के बगल में 'छिपी' भी है। याने अर्थ-प्रस्फुटन की सम्भावना शुक्ल जी न सिर्फ़ उसमें देखते हैं, जो सामने हो और पकड़ में हो, बल्कि उसमें भी जो ठीक-ठीक पकड़ में न आता हुआ भी कहीं हो। इसे देखते हुए यह कह सकना

आसान नहीं लगता कि शुक्ल जी कविता की नाक पकड़कर उसे खुल्लमखुल्ला अभिधा की सपाट ठंडी सड़क पर चलाना चाहते थे। वे दरअसल कविता में अनुभूति, अप्रस्तुत, अमूर्त्त इत्यादि की बेरोक-टोक इकतरफा कार्रवाई को समाप्त कर भाव और विचार, अन्तर्जगत् और वस्तु जगत, व्यक्ति और परिवेश की परस्पर निर्भर और अपेक्षाकृत जटिल एक अधिक उत्तरदायित्वपूर्ण नैतिक कार्रवाई की माँग कर रहे थे।

कविता से इस तरह की माँग उस वक्त के मुलायमपंथी रुख को देखते हुए एक सख्त और अक्खड़ माँग थी, पर इस माँग में जो चुनौती थी, उसे लगता है शुक्ल जी भविष्य की—आज की—कविता के सामने फेंक रहे थे। कविता में वे मूलतः भाव को ही प्रधान मानते थे, पर उनका यह भाव छायावादियों का सिर्फ़ सेंटीमेंट अथवा अनुभूति की सरल एकायामी अवस्था नहीं था। 'रस-मीमांसा' में एक स्थान पर वे कहते हैं : "भाव का अभिप्राय साहित्य में तात्पर्य-बोध मात्र नहीं, बल्कि वह वेगयुक्त और जटिल अवस्था विशेष है, जिसमें शरीर-वृत्ति और मनोवृत्ति, दोनों का योग रहता है।" शुक्ल जी के एक कथन ('वाच्यार्थ ही काव्य है, व्यंग्यार्थ नहीं') के आधार पर ही जो लोग यह निष्कर्ष निकाल बैठे कि शुक्ल जी अभिधावादी हैं, उपर्युक्त उद्धरण को देखते हुए निश्चय ही वे उनके प्रति अन्याय कर रहे थे। हकीकत यह है कि साहित्य के भावन को मात्र तात्पर्य-बोध तक ही सीमित न रखकर जहाँ शुक्ल जी यह बतलाना चाहते थे कि रचना में 'बाहर' की सपाटबयानी ही सर्वोपरि नहीं है, वहाँ यह भी कहना चाहते थे कि भाव की बहुआयामी जटिलता अपने को सम्पूर्णतः 'भीतर' के अन्तःप्रवाह के हवाले करके नहीं हासिल की जा सकती। सच्चे काव्य की सिद्धि वे शरीर-वृत्ति और मनोवृत्ति के योग में देखते थे, जो और कुछ नहीं, वस्तु की भौतिक सत्ता ('बाहर') और वस्तु की भावसत्ता ('भीतर') के ही पर्याय हैं। छायावाद में ये दोनों सत्ताएँ एक-दूसरे को परस्पर ओढ़ती थीं, एक-दूसरे को ओट प्रदान करती थीं और इस तरह एक दूसरे को अपने लिए प्रयोजनीय बनाती थीं। इधर शुक्ल जी कविता के जिस रूप के रसिक थे, उसमें इन सत्ताओं का अपने-अपने तेज-बल के साथ परस्पर एक नए समवाय में मिल जाना अनिवार्य था। इन दो सत्ताओं के बीच टकराव और सतत तनाव की कल्पना शुक्ल जी उस समय न कर सकते थे। पर उस समवाय में जिस किस्म की कविता की छवि को उभरते वे देखना और दिखलाना चाहते थे, उसमें सिर्फ़ घलावट की समरसता न थी, बल्कि सम्भावना की बेचैन गतिशीलता थी। वे वस्तु और भाव के योग में एक नए रचना-क्रम की सुगबुगाहट देखते थे, दोनों का एक-दूसरे में तिरोभाव नहीं।

शुक्ल जी ने अपने वस्तुबोध और भाव-संवेदना, दोनों को खूब कसा होगा, एक दृष्टिबिन्दु पर उन्हें एकाग्र साधा होगा और तभी वह रचनात्मक संक्रमण घटित हुआ होगा, जिसमें विचार अपने को तर्क की गुम्फित प्रखरता में नहीं, अनुभूति की पारदर्शी तरलता में व्यक्त करता है। ऐसे क्षणों में सहसा उनके रचना-विवेक का पथ अपने समय से आगे बहुत दूर तक झलक उठता है। किसी ऐसे ही पारदर्शी क्षण में शुक्ल जी ने ये पंक्तियाँ लिखी होंगी : "बहुत-सी कविता अनुभूति-दशा में नहीं होती, स्मृति-दशा में होती है। जो यह कहे कि जो कुछ हमारे भीतर था सब हमारी कविता में आ गया है, उसमें काव्यानुभूति का अभाव समझना चाहिए और उसकी कविता को कवियों की वाणी का अनुकरण मात्र।" यह घनीभूत पीड़ा के मस्तक में स्मृति-सी छा जानेवाली बात नहीं है, क्योंकि यहाँ कविता के आँसू बनकर अभिव्यक्त हो जाने की सहूलियत नहीं। यहाँ तो कविता शब्द के ही नहीं, अनुभूति के भी परे उस स्मृति में है जहाँ अनुभूति है और शब्द है और कवि नहीं है। कवि अभिव्यक्ति के क्षण में ही है, न उसके पहले न उसके बाद। अगर है तो एक प्रकार का मूक कवि—अनुभूतियों को जीता हुआ, शब्द से मोहताज। अनुभूति और शब्द के बीच कहीं कोई चीज हमेशा छूट जाती है। उस छूटी हुई चीज़ की तलाश के लिए कविता बार-बार अनुभूति और शब्द का नया सिलसिला जोड़ती है और पाने में कुछ छूट जाने की सम्भावना को पुनः-पुनः जन्म देती रहती है। यह काव्यानुभूति को पूरा-का-पूरा भाषा में निचोड़ न सकना क्या यह साबित नहीं करता कि कविता भाषा के बाहर भी है?

भाषा के भीतर जो अनुभूति है, भाषा के बाहर वही कर्म है। कविता इन दोनों की सन्धि पर है। कविता सच्ची बनती है भाषा के भीतर की अनुभूति से और बड़ी बनती है भाषा के बाहर के कर्म से। बौने जीवन से बड़ी कविता नहीं पैदा होती, पर जीवन बौना कर्म की असिद्धि से नहीं, कर्म-क्षेत्र की विविधता का अनुसन्धान न करने से बनता है। कर्म-विस्तार का हर रेशा एक नई सम्पृक्ति से जीवन के राग को वस्तु से बाँधता है, जो सिर्फ़ एक बिम्ब है उसे सत्य, जो महज एक चमकता अहसास है, उसे प्रखर किरणोंवाला सूर्य बनाता है। कविता सीधा-सीधा कर्म नहीं, पर हमने जीवन में कर्म की जो दिशाएँ खोजी हैं, उनका वह फलक है। कविता की नब्ज़ को छूकर हम महसूस कर सकते हैं कि उसमें हमारा कितना रक्त कितने ताप और दबाव और प्रवाह के साथ दौड़ रहा है?

कर्म की दिशाएँ...दिशाहीन कर्म नहीं...अनुभूति में से ही वे दिशाएँ अपने साथ कर्म को लेकर फूटें, फूटें और अनुभूति की सीमाओं को खोल दें ताकि वह जो स्मृति में बन्द है पिघले, पिघले और बहकर यथार्थ की धरती को चूमे...धरती के

अनेक रंग कोमल और कठोर, भीषण और सरस, मृदु और प्रचंड, कटु और मधुर अनुभूति-जल में प्रतिबिम्बित हों, घुले, प्रवाहित हों; जीवन के राग-खंड आपस में टकराएँ, छिलें, टूटें, बनें, ढलें। इस अनवरत सिलसिले में जो कविता बनेगी, उसकी घड़न में टूटन के भी खुरदुरे निशान होंगे, उसकी कोमलता के पीछे एक उतना ही कठोर चेहरा सदा रहेगा, उसकी प्रचंडता एक मृदुता की ओट लिये हुए होगी। इस कविता का सौन्दर्य कर्मभूमि का सौन्दर्य होगा। उसमें सिर्फ़ दीप्ति न होगी, दाह भी होगा, केवल शान्ति ही नहीं कोलाहल भी होगा, प्रबोध ही नहीं, ललकार भी, गूँज ही नहीं, गर्जन भी। वह सौन्दर्य गन्तव्य पर पहुँची हुई कला का सौन्दर्य नहीं, रास्ते के पत्थरों के खिलाफ अपने पाँवों की आजमाइश का सौन्दर्य होगा; अपनी कमाई हुई पूँजी के उपभोग का नहीं, उसे नई प्रेरणाओं में डालने के प्रयत्न का। यह कविता बड़ी होगी महज अनुभूति की चरितार्थता से नहीं, बल्कि अनुभूति की सम्भावना से। एक तरफ कविता की वह कर्मभूमि, जिसमें आदमी मानो दो पहाड़ों को अपनी कुहनियों से ठेलता आगे बढ़ता चला जाता है और दूसरी तरफ कविता की भोग-भूमि, जिसमें आदमी अपनी अन्त:रागिनी के वैभव में ठिठका, द्वंद्व से स्थगित है। एक में वह स्मृति को घटित में बदलता है; दूसरे में घटित को स्मृति में। एक में फैलाव है, उमगन और स्फुरण; दूसरे में संकोच और घिराव और केन्द्र का एकान्त सेवन।...

मैं अपने आस-पास निगाह दौड़ाता हूँ—क्या मैं वहाँ खड़ा हूँ जहाँ सौन्दर्य एक जिजीविषा है? या वहाँ जहाँ सौन्दर्य कला का सिर्फ़ एक आयाम? मैं अपने आस-पास देखता हूँ और गोया अपने को समझाते हुए कहता हूँ, उपभोग की कविता का बीजभाव 'व्यक्ति' है और संघर्ष की कविता का 'जन'। पर मेरे आस-पास फिलहाल एक शब्दों का शोर और गर्द है, जो इन दोनों पर पर्दे की तरह टँगा हुआ है और जिसमें इनकी अलग-अलग पहचान धूमिल पड़ गई है। कभी-कभी लगता है जैसे जनसंघर्ष के तेवरवाली कविता की तनी हई मुट्ठियाँ लूट में अपने हिस्से की माँग के लिए हैं और व्यक्तिराग के ऐश्वर्य में आकण्ठ डूबी हुई कविता जन-क्रान्ति के मंच से तीन सौ तीन बार नारे लगवा रही है। दोनों ही शब्दों का भोग लगा रहे हैं। अघाई हुई शब्द-चेतना कविता में बहुत बारीक, बहुत नफ़ीस कात रही है। समय की मार से लहूलुहान आत्मा पर शब्दों की पट्टियाँ लगी हैं...नहीं, सजी हैं।

शुक्ल जी को कविता में सजावट से सख्त चिढ़ थी। सजावट को वे भोग-सौन्दर्य की ही चित्रसृष्टि मानते थे, जिसे कविता के बैठकखाने में टाँगकर कवि अपनी असामान्य रुचि का परिचय देता है। सजावट याने विशिष्ट का भोग। चमक-दमक, शोभा, लालित्य। इनसे घर का वह पिछवाड़ा छिपा रहता है जहाँ ऊबड़-खाबड़पन

है, असमानता है, अन्तर्विरोध है। खून-पसीना बहाकर कुछ अर्जित करने के बजाय 'जैसे अनायास बिना हाथ-पाँव डुलाए कुछ हासिल हो गया हो और कविता में कलँगी सँवारकर और पंख फुलाकर बैठ गया हो। जो कुछ मिला, उसके पीछे न कोई टूटन, न छीजन, न तड़प। बस, एक निठल्ले ऐश्वर्य की बपौती। सजावट है तभी तो शब्द की जड़ें अर्थ के खूब भीतर खामोश उस हाहाकार तक नहीं पहुँच पातीं जो सामान्य जन में है। शब्द, शब्द तक ही रह जाता है। शब्द, शब्द को ही चुनता है, उसे ही बजाता है। यह शब्द-बाजा कब तक बजेगा? क्या यह मैं पूछता हूँ—एक कवि? या वह अर्थ जो जन-जन में है, सबका है, सामान्य है?

मैं अपने आस-पास देखता हूँ। अखबार की एक कतरन पर मेरी निगाह थम जाती है। उसमें छपा है : "पहले के मुकाबले शायद अब ऐसे नागरिक अधिक हैं जिनके लिए उनका समय सिर्फ़ राजनैतिक गतिविधियों, राजनेताओं और आर्थिक उथल-पुथल का नहीं है बल्कि वह ऐसा है जिसमें कुमार गन्धर्व गाते हैं, उस्ताद अली अकबर सरोद बजाते हैं, यामिनी कृष्णमूर्ति 'अन्तरिक्ष को संक्षिप्त अनन्त में ढालते हुए' नाचती हैं, सत्यदेव दुबे या हबीब तनवीर नाट्य करते हैं, डी. जे. जोशी और रुद्र हांजी कलाकृतियाँ बनाते हैं और शमशेर, त्रिलोचन और श्रीकान्त वर्मा कविताएँ करते हैं..." तो क्या हम सचमुच ही राजनैतिक रगड़ा-रगड़ी और आर्थिक हाय-हाय के समय को पार कर (या उसे ओट कर?) कलाओं के स्वर्णयुग में प्रवेश कर चुके हैं? शहर-शहर में मुनादी की तरह फिरती हुई इस खबर में कलाओं का स्वाद लेने की जो शैली जिस भाषा में बयान की गई है, वह क्या मसनद से उठँग कर आँख मूँदकर कला से आनन्दित होने की, या अपने को आनन्दित होने देने की, शैली नहीं है? क्या फुर्सत की कला से अपने जीने को समृद्ध करने के पहले हम जीवन-संघर्ष की आग में पूरा-पूरा दह चुककर, तप चुककर बचे हुए निकले हैं? मैंने सोचा, क्या उस आग में दहने की कविता ही 'जन' की कविता नहीं है? क्योंकि यह दहना ही तो आज के सामान्य आदमी की नियति और शक्ति है, यही खटना और छीजना और इसमें अपनी आदमियत को बचा रख सकनेवाली जिजीविषा के कण ढूँढना और पाना। हाँ, हाँ, संघर्ष का भी रस होता है, तरलता और लय, चित्र और संगीत। संघर्ष सिर्फ़ उद्विग्न ही नहीं करता, तल्लीन भी करता है गो उस उद्विग्नता में महज धुआँ ही नहीं और उस तल्लीनता में भी सिर्फ़ विस्मरण नहीं। आज की रस-मीमांसा कविता की पंक्तियों में लिखी जा रही संघर्ष-मीमांसा है और इसमें सिर्फ़ कवि ही शामिल नहीं, वह 'जन' भी है जिसकी एकमात्र पूँजी उसके बेरोजगार हाथों का जाँगर है। कवि! यदि कुछ कर सकते हो तो कृपया इन बेरोजगार हाथों को सिर्फ़ अपने शब्दों से न थामो।

# टिप्पणियाँ-1

6.12.75

आचार्य रामचन्द्र शुक्ल 'रस-मीमांसा' में एक जगह कहते हैं—

"इन बहुत-सी वाद-व्याधियों का प्रवर्तक है 'व्यक्तिवाद', जो बहुत पुराना रोग है। पुराने रोग जल्दी पीछा नहीं छोड़ते—एक-न-एक रूप में बहुत दिनों तक बने रहते हैं। यही दशा व्यक्तिवाद की है, जिसकी नींव भेदवाद पर है (भेदवाद दरअसल पूँजीवाद से ही उत्पन्न होता है)। शुक्ल जी पूँजीवाद के स्वरूप का निर्धारण नहीं कर पाए। वे इस भेदवाद को पश्चिमी संस्कृति और विचारधारा का अनिवार्य अंग जैसे मानते हैं। उसे पाश्चात्य जीवन-दृष्टि और काव्य-दृष्टि की प्रकृति मानते हैं—खासकर 19वीं शती के पश्चिमी समाज की। शुक्ल जी अपने निष्कर्षों में सही हैं, क्योंकि उनके कारणों तक वे नहीं पहुँच सके हैं। अपनी काव्य-चिन्तना में शुक्ल जी मनोवैज्ञानिक तथ्यों तक तो पहुँचते हैं, पर राजनीतिक और समाजशास्त्रीय तथ्यों से जैसे उन्हें परहेज है। शुक्ल जी की अभेद-दर्शिनी काव्य-दृष्टि भारतीय काव्य-परम्परा के तत्त्वों की ही बनी दृष्टि है। इस दृष्टि का आधार मुख्यत: संस्कृत क्लासिक्स हैं। अब तक कवि के 'व्यक्तित्व' के नाम पर भेद-प्रदर्शन होता था; अब उसकी कृति के व्यक्तित्व के नाम पर होने के लक्षण दिखाई दे रहे हैं। अब तक किसी कविता में उसके कवि के व्यक्तित्व को प्रधान कहने की चाल थी, पर अब कृति ही प्रधान वस्तु कही जाने लगी है और उसकी सत्ता कवि और श्रोता (या पाठक), दोनों से स्वतंत्र ठहराई जाने लगी है। कवि के 'व्यक्तित्व' का परिहार यह कहकर किया जाने लगा है कि जैसे पुत्र का व्यक्तित्व पिता के व्यक्तित्त्र से अलग विकसित होने के लिए छोड़ दिया जाता है, उसी प्रकार किसी काव्य-रचना का व्यक्तित्व उसके कवि के व्यक्तित्व से पृथक् और स्वतंत्र होना चाहिए। इस पर विचार करने से यह

स्पष्ट हो जाता है कि 'व्यक्तिवाद' बना हुआ है, केवल उसने अपनी जगह बदल दी है। लोक से विशेषता और विचित्रता बनी रहने दी गई है, अन्तर इतना ही पड़ा है कि अब तक उस विशेषता या विचित्रता को कवि की कहते थे, अब कृति की कहेंगे।

शुक्ल जी ने 'व्यक्तिवाद' का अच्छा नक्शा खींचा है। पर क्यों व्यक्तिवाद अनिवार्य हो उठा—किन ऐतिहासिक-भौतिक शक्तियों ने उसका होना अनिवार्य बना दिया—इसे शुक्ल जी ठीक-ठीक नहीं देख सके। अत: वे व्यक्तिवाद की असंगतियों तक ही रह गए। व्यक्तिवाद ने सामन्तवाद-आधारित चेतना को तोड़कर कितनी मन: ऊर्जा फैलाई, इसे वे अपनी भारतीय साहित्य-शास्त्र पर टिकी समालोचनात्मक दृष्टि एवं मूल्यों के कारण सहृदयता से नहीं पहचान पाए। छायावाद [विशेषकर निराला] के प्रति उनकी असहिष्णुता का यही कारण है।

फिर भी शुक्ल जी अपनी मूल जनवादी चेतना में अपने समय से काफ़ी आगे थे। उन्होंने अपने आस-पास का काफी ज्ञान बटोरा और अपने को हर नई रौशनी के प्रति उन्मुख रखा, बिना अपनी इयत्ता को खोए या अपनी साहित्य-दृष्टि से डिगे। वे भाववादी आलोचक थे। साहित्य में 'भाव' को प्रधान मानते थे—यह 'भाव' कहीं 'रस' है, कहीं आनन्द की साधनावस्था। इस भाव के तार में ही जीवन और जगत् को वे बाँधते हैं, किन्तु यह भाव सिर्फ़ सेंटीमेंट या हृदय की सरल एकायामी अवस्था नहीं। इस 'भाव' को स्पष्ट करते हुए शुक्ल जी एक स्थल पर कहते हैं—"भाव का अभिप्राय साहित्य में तात्पर्य-बोध मात्र नहीं बल्कि यह वेगयुक्त और **जटिल अवस्था** विशेष है, जिसमें **शरीर-वृत्ति** और **मनोवृत्ति,** दोनों का योग रहता है।" [रेखांकन मेरा]

'शब्दशक्ति' नामक प्रकरण में आचार्य शुक्ल रस की व्याख्या यों करते हैं—"अभिधा और लक्षणा पहले से सिद्ध (विद्यमान) वस्तुओं का बोधन कराती हैं, किन्तु शब्द जब तक विशेष प्रकार से अपना कार्य सम्पन्न नहीं कर लेते तब तक रस की सत्ता नहीं रहती। इसमें कोई पूर्वसिद्ध वस्तु या तथ्य नहीं है जिसे अभिधा या लक्षणा बोध करावें। रस वस्तुत: आस्वाद या आनन्द की अनुभूति है जो श्रोता के मन में प्रकट होती है और व्यक्त होने के पूर्व इसका कोई अस्तित्व नहीं होता।" तथा "रस वस्तुत: अनुभूति है, अनुभूति का विषय नहीं।" रसानुभूति तर्कातीत है—"रस आनन्द की विशेष रूपवाली अनुभूति है, जो तर्क की किसी प्रक्रिया के द्वारा ग्राह्य नहीं है।"

शुक्ल जी ने अधिकांश कवियों की काव्य-समीक्षा-मीमांसा—तुलसी, सूर और जायसी आदि की मीमांसा भी—एक सहृदय आलोचक की तरह की है, एक कवि

हृदय व्यक्ति की तरह नहीं। यदि वे ऐसा करते तो दो बातें हो सकती थीं—1. वे आलोचना ही नहीं लिख सकते; 2. वे उन निष्कर्षों पर न पहुँचते जिन तक वे पहुँचे हैं। काव्य विवेचन की प्रक्रिया ही दूसरी होती।

आचार्य शुक्ल के अनुसार] रसानुभूति प्रत्यक्ष जीवनानुभूति से इतर नहीं है। वह कोई अलौकिक अनुभूति नहीं है। रसानुभूति का आधार यह प्रत्यक्ष जीवन जगत् ही है। ['प्रत्यक्ष' से हमारा अभिप्राय केवल चाक्षुष ज्ञान से नहीं है। रूप शब्द के भीतर शब्द, गन्ध, रस और स्पर्श भी समझ लेना चाहिए।—शुक्ल] रसानुभूति इस प्रत्यक्ष की ठोस सत्ता पर खड़ा किया गया सुपर-स्ट्रक्चर है। यह प्रत्यक्ष बाहर भी है, भीतर भी। बाहर जगत्-गति के रूप में—रूप, गन्ध, रस, स्पर्श के रूप में—भीतर वासना या संस्कार के रूप में जो "वंशानुक्रम से चली आती हुई दीर्घ भाव-परम्परा का मनुष्य-जाति की अन्त:प्रकृति में निहित संचय है।"

इस सन्दर्भ में—रसानुभूति और जीवनानुभूति की एकता के सन्दर्भ में— शुक्ल जी का किसी प्रसंग में उद्धृत किया हुआ आई. ए. रिचड्र्स का यह कथनांश कितना सारगर्भित है—

> There is no gulf between poetry and life as over literary persons sometimes suppose. There is no gap between our everyday emotional life and the material of poetry. The verbal expresson of this life, at its finest, is forced to use technique of poetry. If we do not live in consonance with good poetry, we must live in consonance with bad poetry. I do not see how we can avoid the conclusion that a general insensitivity to poetry does witness a low level of general imaginative life.
>
> Practical Criticism (Summary)

शुक्ल जी भाववादी थे, किन्तु संकुचित हृदयवादी न थे। वे ज्ञान को काव्य का विरोधी तत्त्व नहीं मानते थे। उनका तो कहना था कि "ज्ञान प्रसार के भीतर ही भाव-प्रसार होता है।...विचारों की क्रिया से वैज्ञानिक विवेचन और अनुसन्धान द्वारा उद्घाटित परिस्थितियों और तथ्यों के मर्मस्पर्शी पक्ष का मूर्त और सजीव चित्रण भी—उसका इस रूप में प्रत्यक्षीकरण भी कि वह हमारे किसी भाव का आलम्बन हो सके—कवियों का काम और उच्च काव्य का एक लक्षण होगा।" मुक्तिबोध ने 'ज्ञानात्मक संवेदन' की जो बात की है, उसे इस संदर्भ में आसानी से पहचाना जा सकता है।

25.4.77

शुक्ल जी में गाँव और शहर की सन्धि। उनमें गाँव अभी भी जीवित है। भाषा में, मुहावरों में, भावुकता में, प्रकृति-प्रेम में, मूल्यों की अवधारणा में, लोक-व्यवहार के आदर्श में। शहर का विश्लेषणात्मक मस्तिष्क, व्यंग्य की धार, जटिल अनुभव तर्क, खंडन-मंडन और मत-स्थापन की पद्धति, औद्योगिक यथार्थ की आहट का भान, पश्चिम जो शहरों में ही रह सकता था, उससे साक्षात्कार। **मूल गाँव ही है वृन्त शहर है।** शहर रोपा हुआ नहीं है, कल्ले की तरह फूटा हुआ है। चीज़ों की ठेठ पकड़ ठेठ देसी भाषा में—यह है गाँव। भाव और वस्तु की प्रतीति को तर्क की ऊर्जा में बाँधकर सिद्धान्त और स्थापनाएँ, कटाक्ष और तेवर, मूल्य और विश्लेषण प्रदान करना—यह है शहर। वह शहर, जहाँ विचारों का प्रवेश और निकास होता रहता है, जहाँ संवेदना को तेजी और धार मिलती है, जहाँ दृश्य-परिवर्तन की नाड़ी जरा तेज चलती है, जहाँ गति है और टकराहट है, युद्ध है और टूटन है, विजय है और आत्मविश्वास है—क्योंकि अपनी बुद्धि के स्नायुओं को कसने और परखने का मौका है।

10.7.77

तुलसीदास, वाल्मीकि, रामचन्द्र शुक्ल—याद नहीं कि मैं किसकी प्रेरणा से किन में गया? पहले किसे पढ़ना शुरू किया या इन तीनों की तरफ जाने से पहले किसका अँगुलि-निर्देश मिला? इन तीनों के आस-पास ही कहीं रामविलास शर्मा भी हैं। दो साल पहले रामविलास शर्मा की कुछ किताबें लाइब्रेरी से ला-लाकर बड़े चाव से पढ़ी थीं। यही वह दौर था जब मैं 'रस-मीमांसा' बड़े मनोयोग से पढ़ रहा था। उसमें वाल्मीकि की 'रामायण' का प्रकृति-चित्रण पढ़कर वाल्मीकि की 'रामायण' पढ़ने—पढ़ने से पहले उसकी एक प्रति खरीदने की—धुन सवार हुई थी। चाँदनी चौक से नई सड़क का चक्कर लगाते हुए लाख खोजने पर गीता प्रेस की एजेन्सीवाली दुकान से 'रामायण' के दूसरे खंड की एक क्षत-विक्षत प्रति ही मिल सकी। उसे भी मैं बड़े प्रेम से खरीदकर लाया। बादामी काग़ज़ की जिल्द से ढाँककर दीमक के निशानों को पोंछने की कोशिश की और कुछ दिन तक उसका धीरे-धीरे रस ले-लेकर पाठ करता रहा। फिर पता नहीं कैसे, कब 'रस-मीमांसा' की तरफ मुड़ गया। याद पड़ता है, इसके पहले मैंने तुलसी की 'विनयपत्रिका' भी बड़े मनोयोग से पढ़ी थी।

तो इन तीनों का कोई-न-कोई अन्त:सूत्र एक-दूसरे से जुड़ता गया।

आज फिर चन्द्रशेखर शुक्ल की लिखी रामचन्द्र शुक्ल की जीवनी पढ़ते समय उस अन्त:सूत्र की प्रासंगिकता महसूस होने लगी। वर्षा है और फिर इसमें रामचन्द्र शुक्ल के सरस कवि-हृदय का प्रकृति के साथ तादात्म्य कैसे न मन को तुलसी, वाल्मीकि और कालिदास की याद दिलाए। शुक्ल जी जाड़े की बनिस्बत गर्मी पसन्द करते थे, गर्मी में ही बरसात को भी।

जीवनी में उद्धृत शुक्ल जी की कविताएँ अपने पीछे शुक्ल जी के प्रकृति-प्रेम की भावनाएँ छिपाए हुए हैं। भाषा जैसे उस प्रकृति-प्रेम की सारी गहराई और उत्कृष्टता बयान कर पाने में असमर्थ है। वह यथेष्ट पारदर्शी नहीं है। उस वक्त खड़ी बोली का विकास हो रहा था, उसमें वह सफाई आ भी कैसे सकती थी, जो उसमें बाद में आई। पर इन कविताओं में एक अविकसित भाषा के पीछे शुक्ल जी के हृदय की धड़कन सुनाई पड़ती है, उस धड़कन में प्रकृति-प्रेम की उनकी गहन भावना का स्वर है। कविता पद्य ज़्यादा है, उसमें भाषा का वह लयात्मक बिम्ब विधान और प्रतीक योजना नहीं जो बाद में आई। इस लय-विहीनता से एक सादगी-सी इसमें है, एक आमफ़हमियत। न कल्पना की उड़ानें, न भाव-चमत्कार। एक सहज धारा। एक अच्छे, सच्चे आदमी का काव्य, एक कवि-हृदय आम आदमी का काव्य। जिन मूल्यों के प्रति उसके जीवन में आस्था है, वही काव्य में भी हैं। दोनों में कोई अन्तर्द्वंद्व नहीं, तनाव नहीं, विरोधाभास नहीं। जैसा जिया वैसा लिखा। जो आदर्श जीवन के हैं, वही काव्य के भी। शुक्ल जी एक अखंडित मनुष्य की मिसाल हैं। उनका युग—कम-से-कम वह युग जो उनके संस्कार निर्माण में था—इस अखंडता को बरकरार रखने में सहायक था। उसमें औद्योगिक समाज—यंत्र सभ्यता—की विकृतियाँ नहीं आई थीं। व्यक्तित्व प्रकृति और मानव-आदर्श के तालमेल में था।

रामचन्द्र शुक्ल के व्यक्तित्व के मर्म को समझने के लिए उनकी कविता की भाषा का पहलू एक महत्त्वपूर्ण कुंजी है—इसे नोट करो।

कवि, दार्शनिक, इतिहासकार Rolled into one—शुक्ल जी।

14.7.77

**'काव्य में रहस्यवाद' [1929] से**

"मंगलपक्ष में सौन्दर्य, हास-विलास, प्रफुल्लता, रक्षा और रंजन इत्यादि हैं, अमंगल पक्ष में विरूपता विलाप, क्लेश और ध्वंस इत्यादि हैं। इन दोनों पक्षों के द्वंद्व के बीच से ही मंगल की कला शक्ति के साथ फूटती दिखाई पड़ा करती है। अत्याचार,

क्रन्दन, पीड़न, ध्वंस का सहन जगत् की साधना या तप है, जो वह भगवान् की मंगल-कला के दर्शन के लिए किया करता है। **जीवन प्रयत्न रूप है, अतः मंगल भी साध्य रहता है सिद्ध नहीं।** जो कविता मंगल को सिद्ध रूप में देखने के लिए किसी अज्ञात लोक की ओर इशारा किया करती है, वह आलस्य, अकर्मण्यता और नैराश्य की वाणी है। वह जगत् और जीवन के संघर्ष से कल्पना को भगाकर केवल मनोमोदक बाँधने और खयाली पुलाव पकाने में लगती है। ऐसी कायर कल्पना ही से सच्चे काव्य का काम नहीं चल सकता जो जगत् और जीवन से सौन्दर्य और मंगल की कुछ सामग्री ले भागे और अलग कोने में इकट्ठी करके उछला-कूदा करे।"

**टिप्पणी**

1. प्राचीन साहित्य के सन्दर्भ में शुक्ल जी निर्गुण, नाथपंथी, कबीर आदि की अराजकतावादी दृष्टि से मोर्चा लेते हैं और मध्यकालीन साहित्य के सन्दर्भ में रीतिकालीन दरबारी रंजक वृत्ति से, तो आधुनिक साहित्य के सन्दर्भ में छायावाद और रहस्यवाद की खामखयाली से। (शुक्ल जी के तीन मोर्चे)

2. अमंगल पक्ष के जो गुण बताए हैं उनमें, ग़ौर से देखिए, 'विरूपता' हमारे समय की विसंगति ही तो नहीं? विलाप, आत्मदया या Self pity, क्लेश, संत्रास और ध्वंस अराजकता और तोड़-फोड़ तो नहीं?

"सौन्दर्य और मंगल वास्तव में पर्याय हैं। कला-पक्ष से देखने में जो सौन्दर्य है, वही धर्म-पक्ष से देखने में मंगल है। कवि मंगल का नाम न लेकर सौन्दर्य ही का नाम लेता है और धार्मिक सौन्दर्य की चर्चा बचाकर मंगल ही का जिक्र किया करता है। टॉल्सटॉय इस प्रवृत्ति-भेद को न पहचानकर काव्य क्षेत्र में लोकमंगल का एकान्त उद्देश्य रखकर चले, इससे उनकी समीक्षाएँ गिरजाघर के उपदेश के रूप हो गईं।"

**टिप्पणी**

शुक्ल जी मंगल और सौन्दर्य को अलग-अगल मानते हैं, पर उनमें एक सामंजस्य बनाए रखना चाहते हैं। वे मंगल के लिए सौन्दर्य को या सौन्दर्य के लिए मंगल को कुर्बान नहीं करते। वे दोनों की सत्ता स्वीकार करते हैं।

शुक्ल जी मानते हैं कि : "कविता का सम्बन्ध ब्रह्म की व्यक्त सत्ता से है, चारों ओर फैले हुए गोचर जगत् से है, अव्यक्त सत्ता से नहीं। जगत् भी अभिव्यक्ति

है, काव्य भी अभिव्यक्ति हैं। जगत् अव्यक्त की अभिव्यक्ति है और काव्य इस अभिव्यक्ति की भी अभिव्यक्ति है।"

16.7.77

"सत्य सबकी सामान्य सम्पत्ति होता है, झूठ हर-एक का अलग-अलग होता है। यही बात काव्यगत सत्यासत्य के सम्बन्ध में ठीक समझनी चाहिए।"

17.7.77

कविता में मतवाद, दर्शन, सिद्धान्त आदि लाने के शुक्ल जी विरुद्ध थे। उनका जोर हमेशा सर्वस्वीकृत, सर्वानुभूत तथ्य को भाव क्षेत्र (कविता) में लाने पर है, कविता के प्रकृत रूप पर। वाद आदि की बनिस्बत वे अनुभूति पर ज़्यादा बल देते हैं—अनुभूति को कविता का नियामक तत्त्व मानते हैं। पर शुक्ल जी उस तरह से अनुभूतिवादी नहीं हैं, जिस तरह से आज के अनुभूतिवादी। वे अनुभूति के नाम पर कविता को जन से दूर ले जाने के पक्ष में नहीं, कविता को कवि की खामखयाली बन जाने देने को तैयार नहीं। याद रहे कि वे कविता के प्रकृत मार्ग पर चलते रहने पर जोर देते हैं और जो 'सर्वस्वीकृत' और 'सर्वानुभूत' है, वही उनका इष्ट है। यानी लोकगत, लोकसिद्ध।

आजकल की बहुत-सी कविता या प्रतिबद्ध कविता—शुक्ल जी के शब्दों में—"सिद्धान्त का वास्तव में घटित तथ्य के रूप में चित्रण मात्र है।" शुक्ल जी का वह वाक्य कबीरदास की कविता के बारे में था, पर शुक्ल जी अगर आजकल की इन प्रतिबद्ध कविताओं के बारे में लिख रहे होते तो यही कहते—

"वाद या सिद्धान्त के रूप में प्रतिपादित बातों को स्वभाव-सिद्ध तथ्य के रूप में चित्रित करना और उनके प्रति अपने भावों का वेग प्रदर्शित करके औरों के हृदय में उस प्रकार की अनुभूति उत्पन्न करने की चेष्टा करना हम सच्चे कवि का काम नहीं मानते; मतवादी का काम मानते हैं।'

प्रतिबद्ध कविता की मुख्य कमजोरी पर मानो शुक्ल जी ने उँगली रख दी हो। स्वभाव-सिद्ध तथ्यों के प्रति भावों का वेग प्रदर्शित करना क्या है? प्रतिबद्ध कविता की मुख्य शक्ति उसका रेहटरिक है न?

पाँचों इन्द्रियों के साथ मनोमय कोश को ही शुक्ल जी कविता की प्रकृत भूमि मानते हैं, इन्द्रियातीत या ज्ञानातीत को नहीं।

शुक्ल जी का आम आदमी—उस आदमी की भावना में बहते हुए, उसे ठीक-ठीक व्यंजित करते हुए, उस आदमी के साथ वहीं अपने को भी संयुक्त करते हुए शुक्ल जी कहते हैं—

"....'अतीत का राग' एक बहुत ही प्रबल भाव है। उसकी सत्ता का अस्वीकार किसी दिशा में हम नहीं कर सकते। मनुष्य शरीरयात्रा के संकीर्ण मार्ग में मैले पड़े हुए अपने भावों को अतीत की पुनीत धारा में अवगाहन कराकर न जाने कब से निर्मल और स्वच्छ करता चला आ रहा है। अतीत का और हमारा साहचर्य बहुत पुराना है। उसे हम जानते हैं, पहचानते हैं, इसलिए प्यार करते हैं। भविष्य को हम नहीं जानते, उसकी हमारी जान-पहचान तक नहीं। उसके साथ प्रेम कैसा? परिचय के बिना प्रेम हम नहीं मानते। प्रेम के लिए परिचय चाहिए—चाहे पूरा, चाहे अधूरा।"

"अव्यक्त ब्रह्म की जिज्ञासा और व्यक्त सगुण ईश्वर या भगवान के सान्निध्य का अभिलाष, यही भारतीय पद्धति है। अव्यक्त, अभौतिक और अज्ञात का अभिलाष—यह बिलकुल विदेशी कल्पना है।...अव्यक्त, अगोचर ज्ञानकांड का विषय है। हमारे यहाँ न वह उपासना-क्षेत्र में घसीटा गया है, न काव्य-क्षेत्र में।"

[अन्तःकरण-ग्राह्य भावना भी as against बाह्यकरण-ग्राह्य भावना गोचर भावना ही है। —शुक्ल]

18.7.77

शुक्ल जी को पढ़ते समय बराबर इस बात का अहसास होता है कि वे आलोचना की नई भाषा रच रहे हैं, कि उनके समय की उपलब्ध भाषा शुक्ल जी के चिन्तन-सामर्थ्य के आगे छोटी, अपर्याप्त पड़ रही है और शुक्ल जी उसे प्रचलित व्यवहार की सड़क पर चलते हुए भी अगल-बगल कोई पगडंडी बना ले रहे हैं, जो उनके सर्जनात्मक चिन्तन-मन्थन की लीक पकड़ने में ज़्यादा समर्थ है। शुक्ल जी नए-नए शब्द गढ़ते हैं, मुख्यतः नई-नई शब्द मैत्री द्वारा। इन शब्दों पर किसी पुराने आलोचनात्मक साँचे की मुहर और कसावट नहीं है, बल्कि एक ताजगी, एक सद्यःस्फूर्त विचार-उत्तेजना है, भावों की एक नई आहट। ["एक ही कवि कभी वादग्रस्त होकर अपने को लोक से परे प्रकट करने का शब्द-प्रयत्न करता है।" 'शब्द-प्रयत्न' शब्द ध्यान देने लायक है।]

20.7.77

"हम विभाव पक्ष को कविता में प्रधानता देते हैं। 'विभाव' से हमारा अभिप्राय लक्षण ग्रंथों में गिनाए गए, भिन्न-भिन्न रसों के आलम्बन मात्र से नहीं है।...जगत् की जो वस्तुएँ, जो व्यापार या प्रसंग हमारे हृदय में किसी भाव का संचार कर सकें, उन सबका वर्णन आलम्बन का ही वर्णन माना जाना चाहिए।"

भाव-व्यापार को शुक्ल जी कविता का आधार मानते अवश्य हैं, पर इस भाव-व्यापार के लिए वे सिर्फ़ ज्ञानेन्द्रियों तक ही सीमित नहीं रहते, बल्कि उसके विस्तार की सम्भावना को स्वीकार करते हुए उसे 'बुद्धि-व्यवसायात्मक या विचारात्मक' तक विस्तृत मानते हैं। शुक्ल जी ने इस निबन्ध में जहाँ काव्य के भाव-विस्तार अथवा संवेदना-विस्तार का यह चित्र खींचा है, वहाँ उनकी वाणी एक द्रष्टा की-सी अर्थवत्ता ग्रहण कर लेती है। कविता के भावी रोल को इतनी दूर तक देख पाना वास्तव में एक द्रष्टा का ही काम था। शुक्ल जी जो काव्यवस्तु और भाव संवेदना के लिए 'गोचर', 'मूर्त', 'लोक सिद्ध', 'प्रकृत', 'सर्वानुभूत' पर इतना जोर देते हैं। वे कविता के भावी रोल को महसूस कर मानो भविष्यवाणी-सी करते हैं कि—

"रूखे और अगोचर को सरस और गोचर रूप में लाने का व्यवसाय काव्य-क्षेत्र में बढ़ेगा। ये गोचर रूप झूठे रूपक न होंगे; किसी तथ्य के मार्मिक मूर्त रूप होंगे। कितने गूढ़, ऊँचे और व्यापक विचारों के साथ हमारे किसी भाव या मनोविकार का संयोग कराया जा सका है, कितने भव्य और विशाल तथ्यों तक हमारा हृदय पहुँचाया जा सका है, इसका विचार भी कवियों की उच्चता स्थिर करने में हुआ है।

'गूढ़' शब्द गौरतलब है। इससे यह सिद्ध होता है कि शुक्ल जी की कविता की कल्पना सपाटबयानी तक सीमित न थी। वे उसके अनेक आयामयुक्त, जटिल होने की सम्भावना को भी स्वीकार करते थे। यह जटिलता भावों और विचारों के संघात के कारण जटिल हो उठेगी, इसे मानते थे।

शुक्ल जी की समीक्षा कितनी सर्जनात्मक होती है, इसका एक उदाहरण :

"भावुक जब कल्पना सम्पन्न और भाषा पर अधिकार रखनेवाला होता है तभी कवि होता है। पर यह भी निश्चय समझना चाहिए कि जिस रूप में अनुभूति कवि के हृदय में होती है, उसी रूप में व्यंजना कभी हो नहीं सकती। उसे प्रेषणीय बनाने के लिए—दूसरों के हृदय तक पहुँचाने के लिए—भाषा का सहारा लेना पड़ता है। शब्दों में ढलते ही अनुभूति बहुत विकृत हो जाती है, और की और हो जाती है" —यहाँ तक तो जैसे हम क्रोचे के अभिव्यंजनावाद की ही मुख्य प्रतिज्ञा को

दुहरा रहे हों, पर आगे जो कुछ शुक्ल जी ने लिखा, वह उनकी गहरी सर्जनात्मक अन्तर्दृष्टि का परिचय देता है—'इसी से बहुत-सी दिव्य और सुन्दर अनुभूतियों को कवि यों ही छोड़ देते हैं, उनकी व्यंजना का कभी प्रयास नहीं करते। अत्यन्त गहरी अनुभूतिवाले बहुत-से भावुक तो कभी ऐसा प्रयास नहीं करते! वे जीवन-भर एक प्रकार के मूक कवि बने रहते हैं।' इसके ठीक बाद की ये पंक्तियाँ पढ़कर तबियत झूम उठती है—'**बहुत-सी कविता अनुभूति-दशा में नहीं होती : स्मृतिदशा में होती है।** जो यह कहे कि जो कुछ हमारे भीतर था, सब कविता में आ गया है, उसमें काव्यानुभूति का अभाव समझना चाहिए और उसकी कविता को कवियों की वाणी का अनुकरण मात्र।' [ रेखांकन मेरा]

बहुत पहले एक बार शमशेर जी ने बताया था कि शान्तिप्रिय द्विवेदी ने शमशेर जी के बारे में कहा था कि आप तो मूक कवि हैं, और यह बात शमशेर ज़ी को इंस्टिंक्टिवली बहुत पते की लगी थी।

21.7.77

अक्सर जो आरोप शुक्ल जी पर लगाया गया है, वह उनके छायावाद-रहस्यवाद के विरोध को लेकर। शुक्ल जी के इस विरोध को शायद सही परिप्रेक्ष्य में नहीं देखा गया है। मुझे तो इस विरोध में कोई साहित्यिक विद्वेष नहीं, बल्कि एक भरपूर कॉमनसेंसवाले rationalist का, जो कुछ गड़बड़झाले वाले किस्म का है, घपलेवाला है, अमूर्त, अगोचर, अज्ञेय अतः सामान्य व्यक्ति की भावना और समझ के परे है, irrational अतार्किक है, उसके प्रति दृढ़ अस्वीकार दिखाई देता है। इस विरोध को शुक्ल जी संस्कृत क्लासिकी काव्यशास्त्र के साक्ष्य और आधुनिक मनोविज्ञान, दोनों से ही पुष्ट करते हैं।

छायावाद को समझने की शुक्ल जी की दृष्टि संगत होते हुए भी अपर्याप्त है। छायावाद में शुक्ल जी अंग्रेजी और बंगला का प्रभाव ही देख पाए—हिन्दी की प्रकृति के विरुद्ध एक तरह का बाह्य आरोपण। वे हिन्दुस्तान के बदलते परिदृश्य और उसके import को पूरी तरह नहीं आँक सके। उन ऐतिहासिक-सामाजिक शक्तियों को वे ठीक-ठीक नहीं भाँप पाए जो किसी साहित्यिक आन्दोलन को उभारती हैं। छायावाद साहित्य में एक सामाजिक आवश्यकता बनकर आया, एक परिवर्तन की सूचना लेकर।

छायावाद पर अगर अंग्रेजी और बंगला का प्रभाव था भी तो उसे रोका नहीं जा सकता था। छायावाद एक तरह से इस बात की सूचना देता है कि हिन्दुस्तानी मानस

तक विदेशी प्रभाव धीरे-धीरे छनकर आ चुके हैं और नया खमीरा बन रहा है। एक बँधा हुआ समाज बदलाव की देहरी पर आ पहुँचा है। शुक्ल जी इस बदलाव के लक्षणों से आँख मूँदे हुए नहीं थे, पर भावनात्मक रूप से उसे पूरा समर्थन नहीं दे सके थे। जिस प्रकार के आदर्शवादी मानववाद का प्रभाव उनके मन और व्यक्तित्व पर रहा—चन्द्रशेखर शुक्ल की उनकी जीवनी पढ़ने पर इस प्रभाव की पृष्ठभूमि रेखाएँ बहुत स्पष्ट रूप से उभरी हैं—और जिसका समर्थन वे संस्कृत क्लासिकों और लोक-साहित्य में पाते रहे, उसके रहते वे अपने भाववादी मन को नए बदलाव और नई अराजकता के लिए तैयार नहीं कर सकते थे।

22.7.77

शान्तिप्रिय द्विवेदी :

1. 'शुक्ल जी के ऐतिहासिक संस्कार न तो भारतेन्दु युग के थे, न द्विवेदी युग के, न मुस्लिम काल के। उनके संस्कार आर्यावर्त के संस्कार थे। आस्तिक गृहस्थों की भांति उनकी रुचि भक्ति काव्य की ओर थी, भक्ति काव्य में भी राम-काव्य की ओर। जबकि बृजभाषा के काव्य-विवादों में आनेवाले महानुभाव मुस्लिम काल के संस्कारों के रसिक थे; शुक्ल जी ने हिन्दू जीवन के आधारस्वरूप भक्ति काव्यों का अर्थोद्घाटन किया।'

2. 'उनके साहित्यिक संस्कार न तो भारतेन्दुकालीन थे, न द्विवेदीकालीन, न मुस्लिमकालीन। यानी काव्य को मनोरंजन की कला मानने का संस्कार। वाणी विनोद। वे पूर्णतः अतीतकालीन आर्य व्यक्ति थे। सामाजिक, साहित्यिक और राजनीतिक हलचलों से अलग वे एक निजी मनोजगत् में अपना साहित्य-पथ-सन्धान कर रहे थे। सामाजिक हलचलों को उन्होंने अपने सम्पूर्ण जीवन में महत्त्व नहीं दिया। वे जैसे उनके लिए अस्तित्वहीन हों। साहित्य पर सामाजिक हलचलों का जो प्रभाव पड़ता था, वे विचार के लिए उसे अपने सामने रखते तो थे, किन्तु उसका विवेचन वे प्राचीन व्यवस्था के अनुसार करते थे। ऐसे प्रसंगों में वे मुख्यतः साहित्यिक के कलापक्ष को अपनी स्वीकृति या अस्वीकृति देते थे।'

3. '...उनकी आत्मा के संस्कार एक विशेष संस्कृति के दायरे में आते हैं, वैसे ही कला के संस्कार एक विशेष युग की साहित्यिक रुचि में मर्यादाबद्ध हैं। और हम देखते हैं कि संस्कारों और रुचियों के निजी सीमा-बन्धन के बाहर शुक्ल जी को अन्य प्रयत्न प्रारम्भ में असन्तोषजनक जान पड़े हैं, बाद में उन नए प्रयत्नों के स्थान लेने पर, निर्माण कार्य हो जाने पर, शुक्ल जी को अपने ढंग से उसका भी

समर्थन करना पड़ा है कुछ असन्तोष के साथ; यथा, छायावाद का। आगे चलकर यही बात समाजवाद के बारे में भी होती।'

4. 'एक गृहस्थ के जीवन में जो गुरु-गम्भीर उत्तरदायित्व होता है, वही उत्तरदायित्व शुक्ल जी के कृतित्व में है। उनमें साद्यन्त एक सुगठित व्यक्तित्व है।

'मध्ययुग की किसी जमी हुई गृहस्थी जैसा एक प्राचीन आभिजात्य शुक्ल जी के साहित्य में है, जबकि आज का विकराल युग सब कुछ तोड़-फोड़कर नए ऐतिहासिक जीवन के स्वप्नों में संघर्ष-व्यस्त है।'

5. 'सब मिलाकर शुक्ल जी अपनी विवेचनाओं में एक आस्तिक मनोवैज्ञानिक अथवा बौद्धिक आस्तिक हैं। वे शंकराचार्य के मतानुयायी हैं। बौद्धिकता उन्हें रागात्मकता की ओर ले जाती है, आस्तिकता भावाभिव्यक्ति की ओर। शुक्ल जी का सगुणवाद एक आस्तिक यथार्थवाद है, यदि इसके भीतर से ईश्वरत्व को निकाल दें तो यही भौतिक यथार्थवाद हो जाता है।'

23.7.77

डॉ. देवराज ने शुक्ल जी के रस सिद्धान्त में अन्तर्विरोधी चीजें पाई हैं। जैनेन्द्र कुमार, शान्तिप्रिय द्विवेदी ने भी शुक्ल जी की काव्य-सम्बन्धी मान्यताओं में अन्तर्विरोध देखा है। इस अन्तर्विरोध को ये आलोचक शुक्ल जी की दृष्टि में किसी कमी का चिह्न मानते हैं, उनका कमजोर पक्ष।

पर यह अन्तर्विरोध दरअसल शुक्ल जी की शक्ति है, इसी से वे आज के काव्यचिन्तन के लिए भी प्रासंगिक हो उठे हैं। यह अन्तर्विरोध शुक्ल जी के व्यक्तित्व में एक 'गैप' की उपस्थिति पर उँगली रखता है—शुक्ल जी के काव्य संस्कार, उनकी परम्परा से प्राप्त अर्जित साहित्य निष्ठा, किन्हीं मूल्यों के प्रति आग्रह और उनके चारों ओर घटित यथार्थ की चेतना, उनका परिवेश, ज्ञान-विज्ञान के नित होनेवाले विस्फोट, ऐतिहासिक-सामाजिक शक्तियों द्वारा वातावरण में लाई गई परिवर्तन की लहरें—इन सबसे शुक्ल जी अछूते न थे। उनके संवेदनशील, बौद्धिक मन पर इन सबका असर होता था—ये सिर्फ़ 'तथ्य' (जैसा कि डॉ. देवराज मानते हैं) न थे, बल्कि कहीं उनके अन्तर्मन को भी छूते थे, प्रभावित करते थे—पर परम्परा से प्राप्त साहित्य-निष्ठा और साहित्य-मूल्यों के आदर्श को छोड़ना भी इतना आसान न था। शुक्ल जी ने अपने भीतर की कशमकश को खुलकर प्रकट होने नहीं दिया। उसे अपने व्यक्तित्व की दृढ़ता से दबाए रखा, पर उस भीतरी गड़गड़ाहट को वे नजरअन्दाज भी न कर सकते थे। वे बुद्धि से अपने अन्दर-बाहर के असामंजस्यपन

का समाधान नहीं कर सके—व्यक्तित्व की दृढ़ता के बावजूद। शायद यही बात है कि उनका काव्य-सिद्धान्त इतना पुख्ता नहीं है और उसमें दरारें रह गई हैं। इन दरारों में शुक्ल जी की भावना बोलती है, उनका कवि-हृदय स्वर भरता है। आदर्श और यथार्थ-बोध के बीच की इस दरार से उनका काव्य-चिन्तन एक राह भविष्य के लिए छोड़ देता है, उसे बुद्धि के साँचे में कसे रखकर सिर्फ़ वर्तमान के लिए एकजुट पुख्ता नहीं छोड़ता।

26.7.77

जब शुक्ल जी काव्य में बाह्य तत्त्व (गोचर, मूर्त, सर्वानुभूति) पर जोर दे रहे थे तब एक तरह से अपने समय में 'प्रतिबद्धता' की ही बात कर रहे थे। काव्य के स्रोत हमेशा भीतर ही नहीं बाहर भी होते हैं और उसकी अवहेलना नहीं की जा सकती, ऐसा कहने में शुक्ल जी लगभग उसी तरह की बात कर रहे थे जो आज हम कविता को कलावाद के सीमित वृत्त से बाहर निकालकर उसे एक व्यापक जन-संघर्ष, जन-भावना से जोड़ने के सिलसिले में करते हैं। और शुक्ल जी की इस 'प्रतिबद्धता' का विरोध अगर छायावादियों ने (काव्य-प्रेरणा के लिए जो गुह्य और अन्त:स्रोतों पर निर्भर रहना ज़्यादा पसन्द करते थे) किया तो यह स्वाभाविक ही था। पर लगता है, वह लड़ाई हर समय में जारी रहती है, औजार अवश्य ज़्यादा पैने होते जाते हैं। पर यह देखकर गर्व भरा हर्ष अवश्य होता है कि काव्य को रहस्यात्मक अव्याख्येय, भीतर केन्द्रित स्रोतों से बाहर खींच लाकर उसे बाहर के गोचर मूर्त यथार्थ से जोड़ने का प्रतिबद्ध कार्य शुक्ल जी ने हिन्दी खड़ी बोली के उस काल में किया जब वह अपने पैरों पर खड़े होने की कोशिश ही कर रही थी। यह सवाल शुक्ल जी ने उसी काल में उठाकर जैसे सचेतक का कार्य किया।

अगर शुक्ल जी ने सिर्फ़ 'तथ्य' संकलन किया—जैसा कि डॉ. देवराज कहते है—तब भी यह कार्य ज़्यादा क्रान्तिकारी था। शुक्ल जी ने इस तरह अपने को पूरे घटना-प्रवाह के बीच आँख खोलकर रखा, आँख बन्द कर भीतर अन्तर्धान नहीं हो गए, जैसे कि छायावादी हो गए थे। शुक्ल जी ज़्यादा कर्मशील रहे। उन्होंने ऐतिहासिक-सामाजिक परिवर्तन की हर आहट को देखा-भाला, पहचाना और इस तरह भावनात्मक स्तर पर भी ज़्यादा झेला, ज़्यादा Exposed रहे।

27.7.77

"अच्छी तरह विचार करने पर यह प्रकट होगा कि 'अज्ञात का राग' (Love for the irrational—Malayaj) ही अन्तर्वृत्ति को रहस्योन्मुख करता है। मनुष्य की

रागात्मिका प्रकृति में इस अज्ञान के राग का भी ठीक उसी प्रकार एक विशेष स्थान है, जिस प्रकार ज्ञान के राग का। ज्ञान का राग बुद्धि को नाना तत्त्वों के अनुसन्धान की ओर प्रवृत्त करता है और उसी सफलता पर तुष्ट होता है। अज्ञान का राग मनुष्य के ज्ञान-प्रसार के बीच-बीच में बँटे हुए अन्धकार या धुंधलेपन की ओर आकर्षित करता है तथा बुद्धि की असफलता और शान्ति पर तुष्ट होता है। अज्ञान के राग की इस तुष्टि की दशा में मानसिक श्रम से कुछ विराग (विराम?—म.)-सा मिलता जान पड़ता है और उस अन्धकार या धुँधलेपन के भीतर मन के चिरपोषित रूपों की अवस्थिति के लिए दृश्य-सागर के बीच अवकाश मिल जाता है।

Romantic archaism. शुक्ल जी द्वारा प्रकृति के भावविभोर तत्सम शब्द-प्रधान वर्णन में?

27.8.77

शुक्ल जी का यह कथन कि "वाच्यार्थ ही काव्य है, व्यंग्यार्थ नहीं" उनके विरुद्ध खूब इस्तेमाल किया गया है। शुक्ल जी व्यंग्यार्थ अथवा व्यंजना पर, वाच्यार्थ अथवा अभिधा को तरजीह देने के लिए जो भी तर्क देते हों, मुझे तो यही दिखाई देता है कि शुक्ल जी तद्‌युगीन छायावादी काव्य धारा की अव्यक्त और अनिर्वचनीय तत्त्व पर जोर देने की प्रवृत्ति का विरोध कर रहे थे। जिस समय अनुभूति की पड़ताल किए बिना, उसके नाम पर काव्य में सब कुछ धड़ल्ले से चलाने का दौर-दौरा हो, उस समय काव्य में बुद्धि तत्त्व पर—अर्थ की सुस्पष्ट, सुसंवेद्य ग्राह्यता पर, वस्तु की ठीक-ठीक पकड़ पर, सच्चे मार्मिक तथ्य पर जोर देना लगभग एक क्रान्तिकारी बात ही थी। फिर शुक्ल जी सरासर अभिधा के पक्ष में भी न थे। अपने उसी इन्दौरवाले भाषण में एक जगह उन्होंने कहा है कि "(हमारे) यहाँ के साहित्य-मीमांसकों की दृष्टि में काव्य में योग्य अर्थ होना अवश्य चाहिए—योग्यता चाहे खुली हो या छिपी हो; अत्यन्त अयोग्य और असम्बद्ध प्रलाप के भीतर भी कभी-कभी काव्य के प्रयोजन-भर की योग्यता छिपी रहती है—जैसे शोकोन्मत्त या वियोग विक्षिप्त के प्रलाप में शोक की विह्वलता या वियोग की व्याकुलता ही 'योग्यता' है।" इसे पढ़कर यह नहीं कहा जा सकता कि शुक्ल जी कविता की नाक पकड़कर उसे खुल्लम-खुल्ला, सीधे-सीधे अभिधा की सपाट ठंडी सड़क पर ही चलाना चाहते थे बल्कि पूरे वाक्य के अन्तिमांश में तो छायावादी काव्य की बुनियादी प्रतिज्ञा—'वियोगी होगा पहला कवि' वाली अस्पष्ट भावानुभूति के लिए काफी छूट दे दी गई है।

लगता है, कविता में शुक्ल जी को दो चीजों से सख्त चिढ़ थी, एक तो वही अस्पष्ट, अनिर्वचनीय, अनुभूति के अनर्गल, अतर्क्य रहस्यात्मक पक्ष से, दूसरे काव्य में नक्काशी, बेल-बूटे और मात्र अनुरंजन की एक तरफ कलावादी तो दूसरी तरफ दरबारी प्रवृत्ति से।

इन्दौरवाले भाषण में शुक्ल जी ने यह बताने की चेष्टा की है कि काव्यानुभूति या कलानुभूति को जीवनानुभूति से अलग मानने की प्रवृत्ति जो छायावाद में परिलक्षित होने लगी थी, वह दरअसल क्रोचे के अभिव्यंजनावाद के प्रभाव के कारण थी। जबकि भारतीय दृष्टिकोण में कविता को कभी 'कला' के खाने में रखा ही नहीं गया—भारत की चौंसठ कलाओं में कविता की गणना नहीं है—क्योंकि 'कला' कुछ अधम जैसी चीज़ मानी गई। कलानुभूति को जीवनानुभूति (भावानुभूति) से अलग मानना कविता को जीवन के वास्तविक तथ्य, भाव और विचार से अलग कर देना है। शुक्ल जी की 'सौन्दर्यवाद' और 'कला' शब्द के प्रति जबर्दस्त चिढ़ का कारण यही है। वे काव्य समीक्षा के क्षेत्र से इस 'कला' शब्द को ही खदेड़ बाहर करना चाहते हैं। वे दृढ़ शब्दों में कहते हैं— "काव्य को हम जीवन से अलग नहीं कर सकते। उसे हम जीवन पर मार्मिक प्रभाव डालनेवाली वस्तु मानते हैं। 'कला, कला के लिए' वाली बात को जीर्ण होकर मरे बहुत दिन हुए। एक क्या, कई क्रोचे उसे फिर जिला नहीं सकते।"

पर यहाँ शुक्ल जी की भविष्यवाणी सत्य न हुई। कलावाद को पुनर्जीवित किया गया—उनकी नाक के नीचे छायावाद में ही और आगे चलकर प्रयोगवाद—नई कविता में भी कलानुभूति पर अतिरिक्त जोर उसी कलावाद से ही रस ग्रहण करता है। नई समीक्षा में भी 'काव्यलोक', 'कला-संसार' आदि प्रत्यय स्पष्ट सूचित करते हैं कि कलानुभूति को एक स्वायत्तता का दर्जा दिया गया और जिन्होंने नहीं दिया, उन्हें सीधे-सीधे 'प्रचारवादी' (याने प्रतिबद्धतावादी) कहने की राजनीतिक मुहिम भी चलाई गई।

नई समीक्षा में 'कला संसार' और 'काव्यलोक' की चर्चा में कविता को एकदम जीवानुभूति से अलग, विशिष्ट, स्वायत्त मान लेने का विचार उतना नहीं है जितना बाह्यतत्त्व के सामने एक अन्तःतत्त्व को रखने का। बाह्यतत्त्व तो प्रगतिवाद के जमाने से ही मौजूद था, पर अन्तःतत्त्व की अवहेलना हुई थी। दूसरे, नई परिस्थितियों में व्यक्तिवाद के विकास के साथ—अन्तःतत्त्व की माँग बढ़ने लगी थी और अब उसकी अवहेलना न की जा सकती थी। नई समीक्षा की अगली चेष्टा इस बाह्यतत्त्व और अन्तःतत्त्व को एक नए समीकरण—Synthesis—में बाँधने में है। शुक्ल जी की समीक्षा में भी बाह्य और अन्तःतत्त्व को बराबर वज़न मिला है और उन्होंने

इनका एक समीकरण भी दिया है। उनके इस समीकरण का नाम 'रसवाद' है। यह रसवाद भारतीय क्लासिक काव्यशास्त्र द्वारा पोषित और समर्थित है। शुक्ल जी ने अपने समय में प्राप्त ज्ञान-विज्ञान द्वारा इस क्लासिक काव्य-दृष्टि को ही पुष्ट किया। अपने परिवेश और यथार्थ का पूरा उपयोग उन्होंने इस शास्त्रीय दृष्टि को एक नई प्रासंगिकता, एक नई धार देने में किया।

अब जबकि स्थितियाँ पुनः बदली हुई हैं, हम शुक्ल जी के 'रसवाद' को ज्यों का त्यों स्वीकार नहीं कर सकते। हमें एक नया समीकरण रचना है। शुक्ल जी की थीसिस ही यही थी कि अन्तर्जगत् बाह्यजगत् के अवयवों से ही निर्मित होता है। अब जबकि हमारा बाह्यजगत् बदला है तब उसके अन्तर्जगत् के साथ एक नए समवाय और समीकरण की जरूरत स्वतः सिद्ध है। शुक्ल जी का 'रसवाद' इस तरह एक पारिभाषिक शब्द है। हर युग का अपना-अपना 'रसवाद' होता है। अपने 'रसवाद' को पर शुक्ल जी काफ़ी दूर तक भविष्य में फेंकते हैं। उनका विश्वास था कि "शब्द शक्ति, रस और अलंकार, ये विषय-विभाग काव्य-समीक्षा के लिए इतने उपयोगी हैं कि इनको अन्तर्भूत करके संसार की नई-पुरानी सब प्रकार की कविताओं की बहुत ही सूक्ष्म, मार्मिक और स्वच्छ आलोचना हो सकती है।"

शुक्ल जी का 'अर्थ' = 'तथ्य' या 'भाव'।

शुक्ल जी 'छायावाद' का स्रोत पश्चिम के मजहबी रहस्यवाद से प्रभावित ब्रह्म समाज और तत्कालीन बंगला कविता में ढूँढ़ते हैं। 'छायावाद' यानी तर्कातीत, इल्हामी अनुभूति, तत्त्व चिन्तन नहीं रहस्य चिन्तन, तत्त्व-बोध नहीं रहस्य-बोध, सत्य की निश्चयात्मक प्रतीति नहीं, उसका छायाभास। शुक्ल जी की यह मान्यता कोई बहुत दूर की कौड़ी नहीं लगती। इस सन्दर्भ में अभी हाल ही में प्रकाशित Vedanta and Bengal Ranaissance नामक पुस्तक की याद अनायास हो आती है, जिसमें एक मत यह भी व्यक्त किया गया है कि भारत के ईसाई मिशनरियों और इंडोलॉजिस्टों (मैक्समूलर प्रभृति) का पश्चिमी जगत् भारत के तर्कातीत ज्ञान पर बल दे रहा था, उसकी पारम्परिक स्पष्ट तत्त्वचिन्तन वाली दृष्टि को नहीं।

यूरोप का मानस विभाजित है। उस पर यूनान के तर्काश्रित सुस्पष्ट तर्क-चिन्तन का भी प्रभाव है और ईसाई मत के इल्हाम-आधारित रहस्य दर्शन का भी। तर्काश्रित आधार पर रहस्य चिन्तन का कुहरा छा गया। यूरोप दोनों में से किसी को त्याग नहीं सकता। ईसाई मत के कुहरे ने यूरोप के यूनान-प्रेरित तत्त्वदर्शी मानस को धुंधला किया, उसमें 'आदि पाप' (Original sin) जैसी अपराध-भावना डालकर उसे विभाजित किया—शायद इसलिए नीत्शे ने यीसू को यूरोप का सबसे बड़ा शत्रु माना। और अपना Anti-Christ लिखा।

शुक्ल जी का कथन :

"खेद है कि ईसाई मत से प्रभावित ब्रह्मोसमाज ने उपनिषदों का पल्ला पकड़कर उन्हें रहस्यवादी रूप देने का प्रयत्न किया। बहुत-से पाश्चात्य लेखकों ने बड़ी खुशी से उन्हें इस रूप में ग्रहण किया और उपनिषदों के ज्ञान को रहस्यवाद की कोटि में रखा।" इसके आगे शुक्ल जी जो कुछ कहते हैं, वह बहुत महत्त्वपूर्ण है। Vendanta And Bengal Renaissance के मार्क्सवादी लेखक ने H. T. Colebrook और मैक्सम्यूलर जैसे भारतविदों द्वारा जान-बूझकर भारत के भौतिकवादी तत्त्व-चिन्तन की अवहेलना कर उसके आदर्शवादी स्वरूप को उभारने की साजिश का उल्लेख किया है, कुछ उसी तरह की साजिश की तरफ संकेत यहाँ शुक्ल जी भी करते हैं—"बात यह है कि उस कोटि [रहस्यवादी कोटि—मलयज] में जाने से उनका [उपनिषदों का—मलयज तात्विक मूल्य घट जाता है और प्राचीन भारतीय आर्यों की तत्त्वज्ञान-सम्पन्नता कुछ ओट में पड़ जाती है और यूनानियों की सामने दिखाई पड़ती है। उपनिषद् यदि रहस्यदर्शियों के स्वप्न या आभास हैं तब तो प्राचीन भारतीय भी सभ्यता की उसी सीढ़ी पर थे, जिस पर प्राचीन यहूदी।" इस सन्दर्भ में 'हिन्दी साहित्य का इतिहास' पृ. 566 भी दृष्टव्य है जहाँ शुक्ल जी ने ऐसा ही विचार प्रस्तुत किया है।

छायावाद में बुद्धि और विचार आश्रित भारतीय चिन्तन मनीषा के क्षरण और कल्पना, स्वप्न और इल्हाम प्रेरित रहस्यदर्शन की प्रवृत्ति के बारे में जो चेतावनी शुक्ल जी उस समय दे रहे थे, उसे नहीं सुना गया। कवि और समीक्षक छायावाद की नई भाषा-भंगिमा और चित्र-सज्जा ('व्यंजना की प्रणाली') पर मुग्ध थे। अतः छायावाद के साथ हिन्दी कविता में जो एक अतर्क्य शुद्ध अनुभूति का तत्त्व आ गया वह नई कविता में भी खूब फला-फूला और यह नहीं कहा जा सकता कि आज की क्रान्तिकारी कविता पूर्णतः उससे मुक्त हो चुकी है।

4.9.77

शुक्ल जी का भावों अथवा मनोविकारों के स्वरूप का स्पष्ट विवेचन—उन्हें काव्य के ठोस आधार के रूप में परिभाषित करना, उन पर कविता के भवन की बुनियाद रखना है। भावों के प्रति यह दृष्टि शुक्ल जी की तथ्यदर्शिनी दृष्टि का ही परिचायक है। 'भाव' कविता के तथ्य' हैं, 'तथ्य' के पीछे प्रेरणा 'बुद्धि' की है, क्योंकि बुद्धि से ही तथ्यों को ठोक-बजाकर परखा और नियोजित किया जा सकता है—याने बुद्धि भावों को स्थापित करने, उन्हें विस्तृत करने, उन्हें परिष्कृत करने का काम करती है। भाव-प्रसार एक तरह के बुद्धि-प्रसार से ही सम्भव है। बुद्धि इस भाव-प्रसार को

उकसाती है, उत्तेजित करती है क्योंकि बुद्धि बाहर का गतिमय संसार प्रस्तुत करती है, भावोत्तेजन के लिए 'तथ्य' जुटाती है।

यह बुद्धि निरी तर्क प्रधान बुद्धि नहीं है। यह 'रागात्मक बुद्धि' है।

16.8.80

इतिहास में आदि से अन्त तक एक दृष्टि दिखाई पड़ती है : शुक्ल जी Esoteric के विरुद्ध—गुह्य और अन्तर्मुख, विशिष्ट और असाधारण के विरुद्ध—सहज और प्रकृत पर बल देते हैं, उसे उभारते हैं, तरजीह देते हैं। अपने इस उपक्रम के द्वारा शुक्ल जी देश के बहुसंख्यक समाज के जन-मन के प्रतिनिधि बन जाते हैं—वे जैसे उनकी नब्ज पर उँगली रख देते हैं, उसके साथ हो लेते हैं।

शुक्ल जी की दृष्टि एक गृहस्थ की दृष्टि है, एक सद् गृहस्थ की, एक कर्मठ, आचारनिष्ठ, धर्मभीरु, विवेकसम्पन्न, शास्त्रसम्मत पथ पर चलनेवाले आम गृहस्थ की दृष्टि।

शुक्ल जी विचार-शून्यता और बौद्धिक आलस्य के घोर विरोधी हैं। इसलिए वे एक तेजस्वी गृहस्थ हैं।

'इतिहास' में अपभ्रंश-काल के वृत्तान्त-विवेचन में गुह्य' और 'रहस्य' पर जो कटाक्ष है, वह आगे छायावाद के प्रकरण तक चला गया है। शुक्ल जी गुह्य और रहस्यात्मकता के शुरू से ही विरोधी हैं, सर्वत्र विरोधी हैं।

प्रकृत, सहज, 'रैशनल' पर उनका आग्रह कभी-कभी इस हद तक बढ़ गया है कि वे प्रतिभा की मौलिक शर्तों [जिनमें से एक सर्जनात्मक अराजकता भी है] को बिलकुल नजरअन्दाज़ कर बैठते हैं और 'मिडियॉक्रिटी' को पसन्द करने लगते हैं। व्यंग्यार्थ की अपेक्षा वाच्यार्थ पर बल, छायावाद को न समझ पाना, कबीर आदि का मूल्यांकन आदि इसी के उदाहरण हैं। बाक़ी सबको उन्होंने विशिष्ट, अप्रस्तुत, व्यंग्यार्थी मानकर दरगुजर कर दिया है।

शुक्ल जी बहुत बड़े Disciplinarian थे, शायद महावीर प्रसाद द्विवेदी से भी बड़े। द्विवेदी जी का अनुशासन ऊपरी था, शुक्ल जी साहित्य के भीतर तक पैठकर रचना की मूल वृत्तियों को पकड़कर उसकी दिशा निर्धारित करते हैं। उनका काम ज़्यादा पैना, कठिन और साहसिक था। इस काम को उन्होंने लगभग एक धार्मिक निष्ठा से अंजाम दिया, बिना किसी रू-रियायत के, दो टूक। यह उस समय की माँग भी थी जैसे कि द्विवेदीजी का भाषा के क्षेत्र में अनुशासनवादी होना समय की माँग थी।

17.8.80

शुक्ल जी साहित्य-व्यापार को हमेशा मानव-व्यापार के परिप्रेक्ष्य में एक ठोस भूमि पर प्रतिष्ठित देखना चाहते हैं—सर्वत्र। 'इतिहास' के शुरू में ही—(आदिकाल)—उन्होंने गुह्य और अन्तर्मुख के स्थान पर शास्त्र-सम्मत, सरल विवेक पर आश्रित लोक-सम्मत को श्रेष्ठ माना है।

'चिन्तामणि'—भाग 1 का पहला निबन्ध 'कविता क्या है?' में कविता की अवधारणा ही उनकी मनुष्य के सामान्य राग-विराग को लेकर पल्लवित और पुष्पित होती है, उसी के सुख-दुःख के ताने-बाने से अपने स्वरूप और अपनी अर्थवत्ता का निर्माण करती है, बल्कि कहें कि आम आदमी के भाव-विचार के आईने में ही अपना चेहरा देखती है। बाद के निबन्ध भी—क्रोध, ईर्ष्या, लोभ, प्रीति आदि निबन्ध भी—मानव-मन की सहज वृत्तियों को ठोस रूप में परिभाषित करते हैं क्योंकि इन राग-वृत्तियों पर ही वे सामान्य मानव-व्यापार और साहित्य-व्यापार की नींव रखते हैं।

'चिन्तामणि'—भाग-2 के पहले निबन्ध काव्य में प्रकृति में शुक्ल जी की चिन्ता का बुनियादी पक्ष है—विभाव। विभाव को वे मानव-अनुभूति के ठोस व्यापारों, विषयों के बिम्ब ग्रहण से जोड़ते हैं। महज कल्पना-आरोपण के बजाय बिम्ब ग्रहण एक अधिक ठोस, मूर्त और वास्तविक काव्य-प्रक्रिया है। शुक्ल जी लिखते हैं"भावों के प्रकृत आधार या विषय का कल्पना द्वारा पूर्ण और यथातथ्य प्रत्यक्षीकरण कवि का पहला और सबसे आवश्यक काम है। इस वाक्य में 'प्रकृत आधार' और 'यथातथ्य प्रत्यक्षीकरण' महत्त्वपूर्ण वाक्य खंड हैं, एक तरह से शुक्ल जी के चिन्तन के बुनियादी 'कन्सर्न'। बारम्बार शुक्ल जी इन पर बल देते हैं।

अपने विश्लेषण-विवेचन में शुक्ल जी प्राय: जो उदाहरण देते हैं, उन पर ध्यान देने की ज़रूरत है। वे अपनी धारणा और तर्क को प्राय: सामान्य मनुष्य के क्रियाकलाप अथवा मनोव्यापार से या किसानी जीवन के जीवन-सन्दर्भो से उदाहृत और पुष्ट करते हैं। 'काव्य में प्राकृतिक दृश्य' शीर्षक निबन्ध में जब वे प्रेम-प्रतिष्ठा के दो प्रकारों—सुन्दर रूप के अनुभव द्वारा और साहचर्य द्वारा-का प्रसंग उठाते हैं, तब देखिए कि साहचर्य के प्रभाव से उत्पन्न 'हेतु-ज्ञान-शून्य' प्रेमानुभूति के उदाहरण में एक किसान की मनोवृत्ति का चित्र यों खींचते हैं—

"यदि हम किसी किसान को उसकी झोंपड़ी से हटाकर किसी दूसरे देश में ले जाकर राजभवन में टिका दें तो वह झोंपड़ी का, उसके छप्पर पर चढ़ी हुई कुम्हड़े

की बेल का, सामने के नीम के पेड़ का, द्वार पर बँधे हुए चौपायों का ध्यान करके आँसू बहाएगा।"

**प्रकृत भाव :** "भावों के उत्कर्ष के लिए भी सर्वत्र आलम्बन का असाधारणत्व अपेक्षित नहीं होता। साधारण-से-साधारण वस्तु हमारे गम्भीर-से-गम्भीर भावों का आलम्बन हो सकती है।"

18.8.80

शुक्ल जी के चिन्तन में जिस आधारभूत देसीपन अथवा जातीय अस्मिता पर बल है, उसके दो पक्ष उनमें शुरू से हैं—1. ठोस, प्रकृत, अ-विशिष्ट मानव-भाव व्यापार; 2. आत्मविस्तार—उनकी रस सम्बन्धी धारणा के मूल में यह आत्मप्रसार ही है। कविता में लय हो जाने वाले गुण, उसमें अपना आपा खो देने के पीछे अपने अहम् को भुला देने की प्रवृत्ति है, यानी अपनी भाषा विस्तृत करने की, अपने अहम् की चौहद्दी तोड़ देने की, अपने को फैलाने-बढ़ाने की। रस-दशा अपने से बाहर किसी भाव में लय हो जाने की ही राग-दशा है।

शुक्ल जी के **साधारण** में एक समावेशीपन है। जो सिर्फ़ अनूठा, चमत्कारपूर्ण, अद्भुत और असाधारण है। उसमें सिर्फ़ सजावट है, सौन्दर्य का इकहरापन है, एकांगिता है। साधारण चूंकि सबका है, सबके लिए है, इसलिए उस में अगर मंजूरी, पराग, सरोज हैं तो इंगुदी, अंगोट, तेन्दू, बहेड़े और महुआ भी हैं। एक बहुरंगापन, एक बहुआयामिता। जो साधारण है, उसी में बहुआयामिता है क्योंकि वह एक विशिष्ट बिन्दु पर बँध नहीं गया है।

शुक्ल जी ने **साधारण** को, जो इतने आग्रह के साथ प्रतिष्ठित किया वह, भारतीय सौन्दर्यशास्त्र में एक नई बात समझी जानी चाहिए। यह 'साधारण' भारतीय जनता का प्रतीक है, उसका मूर्त विग्रह है। यह साधारण बहुत ताकतवर है। शुक्ल जी के इस साधारण के कई पर्यायवाची हैं—'प्रकृत भाव', 'तथ्य', 'बहिर्मुख', सब एक ही बिरादरी के हैं।

शुक्ल जी का साधारण सपाट नहीं है, इसी से वे 'संस्कार' की बात अक्सर करते हैं, 'स्मृति' की बात करते हैं गोया कि वे इस 'साधारण' को इस देश की सभ्यता के शताब्दियों तक फैले प्रसार के मूल में देख रहे हों।

असाधारण को शुक्ल जी इसलिए बिलकुल ही अपने खाते के बाहर नहीं कर देते। उनकी दृष्टि सन्तुलित है। उनका आग्रह है—"साधारण के बीच में ही असाधारण की प्रकृत अभिव्यक्ति हो सकती है। साधारण से ही असाधारण की

सत्ता है।" उनकी सन्तुलित दृष्टि असाधारण को उसका उचित स्थान इन शब्दों में देती है—"**प्रसंग प्राप्त** असाधारण सभी वस्तुओं का वर्णन कवि का कर्तव्य है।... साधारण के बीच में **यथास्थान** असाधारण की योजना करना सहृद्‌य और कला कुशल कवि का काम है।"

शुक्ल जी अलंकार-योजना के बरक्स सर्वत्र वस्तु-विन्यास को रखते हैं, वस्तु प्रतिष्ठा, वस्तु चित्र को रखते हैं। वे बराबर कहते हैं—"विभावन द्वारा जब वस्तु प्रतिष्ठा पूर्ण रूप से हो ले तब आगे और कुछ होना चाहिए।"

20.8.80

शुक्ल जी रुचि-परिष्कार पर काफ़ी ज़ोर देते हैं। 'भद्‌देपन' और काव्य-शिष्टता के विरुद्ध चीज़ों के वे सख्त खिलाफ़ हैं। अभिव्यक्ति का, चाहे वह काव्य के रूप में हो या काव्य-समीक्षा के रूप में, अमर्यादित होना वे पसन्द नहीं करते। इस तरह वे एक काव्य-संयम, काव्य-अनुशासन की आवश्यकता को ही प्रतिपादित करते हैं—एक लौह पुरुष की तरह। उनके लेख में इस तरह के सचेतक वाक्य बार-बार मिलते हैं—"बात-बात में, 'अहा हा! कैसा मनोहर है! कैसा आह्लादजनक है!' ऐसे भावोद्‌गार भी भद्‌देपन से खाली नहीं और काव्य-शिष्टता के विरुद्ध है।"

इस वाक्य से इस बात का भी पता चलता है कि शुक्ल जी के समय में काव्य समीक्षा का स्तर कैसा था। समीक्षा के नाम पर सिर्फ़ भावोद्‌गार था। काव्य समीक्षा एक सहृदय वस्तु है अवश्य, पर उसको अभिव्यक्त करने का तरीका भावोद्‌गार मात्र नहीं है, मर्म तक जाने का गम्भीर उपक्रम है, एक अधिक जटिल और मुश्किल कर्म। शुक्ल जी के समय में न तो सुस्पष्ट काव्य-सिद्धान्त थे, न ही समीक्षकों में इस जटिल कर्म के निर्वाह की दृष्टि और सामर्थ्य। द्विवेदी युग की समीक्षा उपयोगितावादी, इतिवृत्तात्मक, सूचनाप्रधान रही और छायावादी समीक्षा भाववादी। द्विवेदी युग की समीक्षा का मुख्य 'कन्सर्न' भाषा थी, भाषा का रूप स्थिर करने की चिन्ता, उसके व्यवहार में एक अनुशासन और समरूपता लाने की चिन्ता। छायावाद की समीक्षा सीधे-सीधे हृदय से निकली हुई, लगभग कविता के समानान्तर, एक भावोत्तेजित उद्‌गार थी।

21.8.80

भाव हो तो प्रकृत, वस्तु-विन्यास हो तो प्रकृत—शुक्ल जी का ज़ोर सर्वत्र प्रकृत

पर है। यह प्रकृत साधारण का ही सम्हौरिया है। 'प्रकृत' को शुक्ल जी वाच्यार्थ तक खींच ले गए थे तो शायद उतना व्यंग्यार्थ के विरोध में नहीं जितना 'प्रकृत' प्रेम के कारण। आग्रह उनका वाच्यार्थ पर ही है, पर व्यंग्यार्थ की उपयोगिता को कम-से-कम एक जगह तो उन्होंने स्वीकार किया है। [देखो—काव्य में प्राकृतिक दृश्य; पृष्ठ 19]। व्यंग्यार्थ को शुक्ल जी अलंकार-रूप भाव को तीव्र करने के उपकरण के रूप में उपयोगी मानते हैं—वह उनकी दृष्टि में वाच्य का स्थान नहीं ले सकता। [भाव को वाच्य द्वारा व्यक्त करना और व्यंग्य द्वारा।] वाच्य में वस्तु-विन्यास, वस्तुओं की प्रकृत स्थापना, बिम्ब ग्रहण, विभावन की क्रियाएँ हैं; व्यंग्य में अलंकार, उत्प्रेक्षा, उपमा द्वारा भावोद्दीपन की। शुक्ल जी का मत है कि "वस्तु-विन्यास प्रधान कार्य है।"

23.8.80

**काव्य में अभिव्यंजनावाद**

शुक्ल जी जैसे काव्य के क्षेत्र में, वैसे ही समीक्षा के क्षेत्र में भी देसीपन के पुजारी थे और विदेशी प्रभावों को शंका की दृष्टि से देखते थे। रहस्यवाद के प्रसंग में फ़ारसी-सूफ़ी प्रभाव, छायावाद के प्रसंग में रवीन्द्रनाथ के माध्यम से आंग्ल प्रभाव और साहित्य समीक्षा के क्षेत्र में पाश्चात्य प्रभावों का उन्होंने डटकर विरोध किया। समीक्षा के क्षेत्र में ये विदेशी प्रभाव क्या थे? उन्होंने Art For Art Sake, 'कला कला के लिए है,' 'अभिव्यंजना ही सब कुछ है, अभिव्यंग्य कोई वस्तु नहीं है,' 'काव्य में अर्थ ध्यान देने की कोई वस्तु नहीं है,' 'काव्य में बुद्धि घातक होती है,' का उल्लेख अपने इस निबन्ध में किया है। इनकी अनुगूँजें तत्कालीन समीक्षा में शुक्ल जी सुनते रहे होंगे। आज की कलावादी साहित्य-समीक्षा में भी ये ही मुद्दे उठाए जाते हैं। शुक्ल जी वस्तु को महत्त्वपूर्ण मानते थे, इसलिए स्वभावतः इस पाश्चात्य प्रेरित समीक्षा-दृष्टि के [जिसमें सिर्फ़ Form महत्त्वपूर्ण है] खिलाफ थे।

शुक्ल जी अपने इस विरोध को प्रायः बड़ी चुभती हुई सटीक भाषा में व्यक्त करते थे—अपने हर तरह के विरोध को शुक्ल जी इसी तरह चुभती हुई, मुहावरेदार, बिम्ब-रूपकवाली चित्रात्मक भाषा में व्यक्त करते हैं [दोनों रीतिकालीन प्रवृत्तियों के विरोध में उनके विचार—'काव्य में प्राकृतिक दृश्य']—इसका एक नमूना : 'आजकल पाश्चात्यवाद वृक्षों के बहुत से पत्ते—कुछ हरे नोचे हुए, कुछ सूखकर गिरे पाए हुए—यहाँ पारिजात-पत्र की तरह प्रदर्शित किए जाने लगे हैं, जिससे साहित्य के उपवन में बहुत गड़बड़ी दिखाई देने लगी है।"

शुक्ल जी काव्य को हमेशा और आग्रहपूर्वक जीवन की वास्तविक दशा, स्थिति या तथ्य से जोड़ते हैं; नक्काशी, बेल-बूटे, चमत्कार, वैचित्र्य या अनुरंजन मात्र से नहीं। बेशक काव्य अनुरंजन भी करता है, पर मात्र उतना ही नहीं, उसका काम इससे ज़्यादा गम्भीर है—यही शुक्ल जी बार-बार कहते प्रतीत होते हैं।

24.8.80

शुक्ल जी काव्य को सौन्दर्यशास्त्र' (Aesthetics) से अलग मानते हैं। उनके लेखे काव्य-मीमांसा सौन्दर्यशास्त्र का विषय नहीं है। वे काव्य को कला के अन्तर्गत लेने के पक्ष में नहीं हैं। "सारा उपद्रव काव्य को कला के भीतर लेने से हुआ है। इसी कारण काव्य के स्वरूप की भावना भी धीरे-धीरे बेल-बूटे और नक्काशी की भावना के भीतर आती गई। हमारे यहाँ 'काव्य' की गिनती चौंसठ कलाओं में नहीं की गई है।...इधर हमारी हिन्दी में भी काव्य-समीक्षा के प्रसंग में 'कला' शब्द की बहुत अधिक उद्धरणी होने लगी है। मेरे देखने में तो हमारे काव्य-समीक्षा-क्षेत्र से जितनी जल्दी यह शब्द निकले उतना ही अच्छा। इसका जड़ पकड़ना ठीक नहीं।"

'इतिहास' में भी उन्होंने एक जगह कलाओं में चौंसठ कलाएँ ली हैं और शास्त्र के मत से कला को काव्य से हीन माना है। 'सौन्दर्यशास्त्र' उनके समय में पश्चिम से आई नई-नई धारणा थी, ऐसा लगता है और इसी से शुक्ल जी सौन्दर्यशास्त्र को शक की निगाह से देखते थे। उनके लिए मानो 'सौन्दर्यशास्त्र' को स्वीकार करना पश्चिम की काव्य-कला सम्बन्धी धारणा को स्वीकार करना था। दूसरे, शुक्ल जी ऐसा मानते थे कि सौन्दर्यशास्त्र का सम्बन्ध चित्रकला, मूर्तिकला और शिल्प से ज़्यादा है और काव्य पर उसकी धारणाओं को लागू नहीं किया जा सकता। वे काव्य-मीमांसा या काव्यशास्त्र को स्वतंत्र चीज़ मानने लगते हैं। वे स्पष्ट कहते हैं—"पहले तो 'सौन्दर्यशास्त्र' अभी कोई ठीक ठिकाने का शास्त्र नहीं—कभी होगा, यह भी नहीं कहा जा सकता। यदि हो भी तो काव्य से उसका सम्बन्ध नहीं।"

'सौन्दर्यशास्त्र' के प्रति शंका के मूल में क्या बात है?

एक तो यह कि काव्य की शुक्ल जी की धारणा देशी परम्परा से प्राप्त, देशी प्रतिभा और जातीय आवश्यकता के अनुरूप थी—प्रकृत, वस्तुनिष्ठ, महज ज्ञानात्मक न होकर रसात्मक, सीमित और विशिष्ट के बरक्स विस्तृत और सर्वानुभूत पर बल देनेवाली। शुक्ल जी के काव्य सम्बन्धी चिन्तन में परम्परा के सर्वानुमोदित काव्य तत्त्वों का स्वीकार है, क्लासिक्स के तत्त्वों द्वारा समर्थित काव्य-मूल्य—क्योंकि ये क्लासिक्स साधारणत्व की ही विशिष्ट कृतियाँ थे—उनमें भावों का, मूल्यों और

आदर्शों का साधारणीकरण हुआ था। शुक्ल जी के लिए यही सहज काव्य धारा थी और कोई भी बाहरी प्रभाव इसमें ऐंठन और प्रक्षेप पैदा करता था। उनकी दृष्टि में वह 'भारतीय भावना के विरुद्ध' पड़ता था।

दूसरी बात यह कि 'सौन्दर्यशास्त्र' सम्बन्धी धारणा चूंकि मुख्यतः काव्य चिन्तन प्रक्रिया से नहीं उपजी थी, इसलिए उसमें एक प्रकार की अमूर्त्तता और अंतर्वर्त्तीपन था, उसका सन्दर्भ एक न होकर अनेक होने से (चित्रकला आदि) या शुद्ध रूप होने से, तात्विक होने से (Essence) उसमें छलावे, सम्भ्रम और अस्पष्टता की गुंजाइश ज़्यादा थी। शुक्ल जी का संस्कारशील, सुपरिभाषित मानस इस अराजकता को झेल नहीं सकता था। वे एक बॉडी-गार्ड की तरह साहित्य को विदेशी-विजातीय प्रभावों से बचाने के लिए प्रस्तुत नज़र आते हैं।

'सौन्दर्यशास्त्र' की तर्क पद्धति शुक्ल जी के समय तक न तो यथेष्ट परिचित रही होगी, न परिभाषित और विश्लेषित। इससे यहाँ के लोग अतर्क्य ढंग से उससे सम्मोहित हो सकते थे, बिना यथोचित विवेक की कसौटी पर कसे उसका अनुकरण कर सकते थे और यह साहित्य की प्रकृत धारा को कुंठित करना होता—ऐसा शुक्ल जी मानते रहे होंगे। इसी से शुक्ल जी कभी-कभी हिन्दी साहित्य के गाजियन का रोल अपनाते-से लगते हैं। हिन्दी भाषा और लिपि के क्षेत्र में यही रोल आचार्य महावीर प्रसाद द्विवेदी ने भी अपनाया था।

सौन्दर्यशास्त्र के 'कन्सेप्ट' को शुक्ल जी विदेशी और काव्य-मीमांसा के 'कन्सेप्ट' को देशी मानते हैं। इन दोनों के मानो प्रतीक के रूप में उन्होंने 'सुन्दर' और 'रमणीय' शब्द लिया है और उनके गुण और स्वभाव के अन्तर को यों प्रदर्शित किया है—"अर्थ के मैदान में 'सुन्दर' शब्द की दौड़ उतनी नहीं है जितनी रमणीय' शब्द की। [इसी से पंडितराज ने अपने काव्य लक्षण में 'सुन्दर' शब्द का प्रयोग न करके रमणीय' शब्द का प्रयोग किया है। ('रमणीयार्थप्रतिपादक : शब्दः काव्यम्'—मलयज) रमणीय का अभिप्राय है जिसमें मन रमे, अर्थात् जिसे मन अपने सामने कुछ देर रखना या बार-बार लाना चाहे। पृ. 195] दूसरी बात यह है कि 'सुन्दर' शब्द बाह्यार्थ की ओर संकेत करता जान पड़ता है और 'रमणीय' शब्द हृदय की ओर।" यहाँ 'हृदय' शब्द का इस्तेमाल हमें थोड़ी परेशानी में डालता है, पर लगता है, शुक्ल जी का आग्रह हृदय-बुद्धि, ज्ञान-भाव के उतने विभाजन पर नहीं, जितना काव्यग्रहण की एक अधिक टिकाऊ और मार्मिक वृत्ति अथवा पद्धति पर है। आगे शुक्ल जी साफ़ कर देते हैं कि काव्य का ग्रहण सौन्दर्यानुभूति के रूप में नहीं होता वरन् भावानुभूति के रूप में होता है। भावानुभूति को वे अधिक स्थायी वृत्ति मानते हैं। भावानुभूति को वे काव्य की आत्मा मानते हैं। सौन्दर्य भावना को

वे बहुत कुछ बेल-बूटे और नक्काशीवाली भावना (शिल्प-प्रधान) ही समझते हैं, जो ऊपरी वस्तु है, चमत्कारपूर्ण। शुक्ल जी की निगाह में सौन्दर्यवादी एक तरह के कलावादी हैं, क्योंकि कलावादी का जोर वस्तु पर, भाव पर—मनुष्य की सहज भाव-वृत्तियों यथा प्रेम, उत्साह, आश्चर्य, करुणा, क्रोध आदि पर न होकर कल्पना, चमत्कार पर होता है। शुक्ल जी को 'सुन्दर' स्वीकार है 'रमणीय' की शर्त पर। वे कहते हैं—"कविता देवी के अन्त:पुर में 'सुन्दर' 'प्रिय' होकर ही प्रवेश कर सकता है।" पृष्ठ 195/143। 'सुन्दर' की अलग स्वतंत्र सत्ता से वे इनकार करते हैं।

25.8.80

शुक्ल जी के अनुसार 'भाव' या अनुभूति प्रधान भारतीय काव्य-दृष्टि—कल्पना प्रधान या ज्ञान-प्रधान पश्चिमी, क्रोचे की, काव्य-दृष्टि के बरक्स—में "भाव मन की कोई एक अकेली वृत्ति नहीं है, एक वृत्ति चक्र है जिसके भीतर बोध-वृत्ति या ज्ञान, इच्छा या संकल्प, प्रवृत्ति और लक्षण, ये चार मानसिक और शारीरिक वृत्तियाँ आती हैं। आत्म भाव का एक अवयव प्रतीति या बोध भी होता है।"

1.9.80

काव्य समीक्षा की तत्कालीन स्थिति और आदर्श के बारे में शुक्ल जी के स्पष्ट विचार इस निबन्ध में—'काव्य में अभिव्यंजनावाद' में—हैं। पश्चिम के प्रभाव से लगता है तत्कालीन समीक्षा भाववादी थी, अविचारक, अवैज्ञानिक, जबकि शुक्ल जी का कथन है—"वैज्ञानिक या विचारात्मक समीक्षा ही कला रूपिणी समीक्षा है। उसी का नाम समीक्षा है।" इसी प्रसंग में बंगाल और रवीन्द्रनाथ के प्रभाव से हिन्दी में आए कल्पनात्मक और भावात्मक वागाडम्बर के प्रसंग में वे स्पष्ट करते हैं—"इस सम्बन्ध में पहली बात समझने की यह है कि 'समीक्षा' अच्छी तरह देखना और विचार करना है। वह जब होगी, विचारात्मक होगी। कल्पनात्मक या भावात्मक कृति की परीक्षा विचार या विवेचन द्वारा ही हो सकती है, उसके जोड़ में दूसरी कल्पना भिड़ाने से नहीं। भाषा के दो प्रकार के प्रयोग होते हैं—सांकेतिक (Symbolic) या तथ्यबोधक तथा भाव-प्रवर्तक (Emotive)। समीक्षा प्रथम प्रकार के प्रयोग से ही हो सकती है, दूसरे प्रकार के प्रयोग से नहीं।

—हिन्दी में समीक्षा-कर्म को परिभाषित करने का पहला प्रयास क्या यह नहीं है?

काव्य-समीक्षा के साथ-साथ काव्य के स्वरूप, प्रक्रिया और लक्ष्य को भी परिभाषित करने का बार-बार प्रयास किया है। वे कहते हैं—

"हमारे यहाँ काव्य का लक्ष्य है जगत् और जीवन के मार्मिक पक्ष को गोचर रूप में लाकर सामने रखना, जिससे मनुष्य अपने व्यक्तिगत संकुचित घेरे से अपने हृदय को निकालकर उसे विश्वव्यापिनी और त्रिकालवर्त्तिनी अनुभूति में लीन करें।"

इस उद्धरण में 'विश्वव्यापिनी' (Universal) और 'त्रिकालवत्तिनी' शब्द प्रत्यय दृष्टव्य हैं।

—काव्य प्रक्रिया के लिए देखो, पृ. 214-215

2.9.80

शुक्ल जी काव्य के मूल में एक सामंजस्य, एक समन्वय देखते थे—भाव का ज्ञान के साथ, हृदय का बुद्धि के साथ—कोई अन्तर्विरोध या तनाव नहीं। तनाव और अन्तर्विरोध की भूमिका छायावाद के साथ बन रही थी। इसकी वजह यह थी कि पश्चिम की निकटता, उसके विचारों, प्रवृत्तियों, प्रभावों की आँच हमारी संवेदना पर—भाव और विचार, दोनों ही रूप में जीवनानुभूति के स्तर पर—पड़ने लगी थी। शुक्ल जी ने पश्चिम को जीवनानुभूति के स्तर पर नहीं लिया, उनका साक्षात्कार उसके साथ जीवनानुभूति के स्तर पर नहीं हुआ, सोचने का यह एक महत्त्वपूर्ण बिन्दु है। पश्चिम से उनकी टक्कर और मुठभेड़ मुख्यत: वैचारिक स्तर पर थी, जो शुक्ल जी के वैचारिक खुलेपन के कारण ही सम्भव हुई। यह बात भी अपने आप में कम महत्त्वपूर्ण नहीं। पश्चिम को लेकर उनके मन में कोई गाँठ नहीं—उसकी चुनौती को सीधा-सीधा स्वीकार करने और उससे निबटने का खुला खेल फर्रुखाबादीपन है। शुक्ल जी पश्चिम को बिना जाँचे-परखे अस्वीकार/नकार नहीं देते। वे उसे हमेशा अपने देशी प्रतिमानों के समक्ष रखते है और अन्तत: देशी प्रतिमानों की श्रेष्ठता को एक तुलनात्मक—विवेक की कसौटी पर रखकर ही श्रेष्ठ और काम्य सिद्ध करते हैं।

4.9.80

शुक्ल जी ने अपना काव्यादर्श भारतीय काव्यशास्त्र के तत्त्वों से अवश्य निर्मित किया, पर उसे प्रतिपादित करने, व्याख्यायित करने और विश्लेषित करने की उनकी विधि (Methodology) पश्चिमी काव्यालोचन या साहित्यालोचन से अप्रभावित

नहीं है। शुक्ल जी पश्चिमी काव्यादर्शों या प्रतिमानों का विरोध करते हैं, पर पश्चिमी तर्क-पद्धति और विश्लेषण-शैली को ग्रहण भी करते हैं। शुक्ल जी के समय में काव्य-समीक्षा की जो पद्धति प्रचलित रही होगी—और इसका आभास स्वयं शुक्ल जी के निबन्धों में मिलता है—वह लगभग तर्क-शून्य, भावोद्‌गार रूपी और बहुत कुछ प्रभाववादी रही होगी। शुक्ल जी की समीक्षा-पद्धति में स्वस्थ पश्चिमी तत्त्वों का समावेश था।

इस तरह भारतीय काव्यादर्श और पश्चिमी विवेचन-विधि की उपस्थिति शुक्ल जी में कभी-कभी अजीब-सी 'एम्बीवेलैन्स' के रूप में भी प्रकट होती है, उनके स्वर में एक टटोल, एक मूल्यवान सम्भ्रम पैदा करती है, जिसके कारण उनका विवेच्य अर्थ हमें दूर तक छूता है, हमारी संवेदना के कपाटों पर काल के आयाम में बहुत दूर तक दस्तक देता है।

शुक्ल जी ने प्राय: ही काव्य में भावानुभूति, प्रस्तुत आदि का पक्ष-समर्थन किया है और वक्रता या वैचित्र्य, नक्काशी आदि का विरोध किया है। पर 'काव्य में अभिव्यंजनावाद' लेख में एक स्थान पर थोड़े नरम भी पड़ते हैं। खड़ी बोली हिन्दी के खड़खड़िया स्वभाव को देखते हुए वक्रता या वैचित्र्य, दूसरे शब्दों में सीधी-सादी व्यंजना के बरक्स लाक्षणिक व्यंजना का समर्थन भी किया है, किन्तु वे यह स्पष्ट कर देते हैं कि लाक्षणिकता का प्रयोग तभी तक जायज है जब तक वह 'भावना को गोचर और सजीव रूप' देता है। अतिरेक को शुक्ल जी बिलकुल नापसन्द करते हैं। —इस आधार पर कहा जा सकता है कि पश्चिम की अभिव्यंजनावादी काव्यप्रवृत्तियों के सन्दर्भ में शुक्ल जी कठमुल्ले नहीं थे।

अपने समय के खड़ी बोली के इतिवृत्तात्मक ('इतिवृत्ति' का मतलब है, 'इतनी ही तो बात है') काव्य की सीमाओं से शुक्ल जी वाकिफ़ रहे होंगे, इसलिए काव्य के वर्तमान ढाँचे को लचीला बनाने के लिए थोड़ी छूट देने को तैयार हो गए। वे छायावाद की तरफ थोड़ी दूर तक ही बढ़ सके, उसे पूरा समर्थन नहीं दे सके। 'इतिहास' में जिस प्रकृत स्वच्छन्द काव्य धारा को उन्होंने समर्थन दिया है, वह बीच की पीढ़ी है—इतिवृत्तात्मक कवियों (महावीर प्रसाद द्विवेदीकालीन) और मुख्य छायावादी कवियों के बीच की पीढ़ी।

शुक्ल जी की मुख्य आपत्ति वाग्वैचित्र्य और अप्रस्तुत, लाक्षणिक व्यंजनावादी काव्य पर यह है कि वे अपनी अति में जीवन से विच्छिन्न हो जाती है, कल्पना की दासी हो जाती है।

10.9.80

'प्रकृत' शब्द पर शुक्ल जी का बहुत जोर है। 'प्रकृत' उनके मन को समझने की एक अच्छी कुंजी है।

जिस साहित्य को वे फलता-फूलता देखना चाहते हैं, उसमें 'देश के असली सामाजिक और गार्हस्थ जीवन' के चित्र होने चाहिए। वे जागतिक अनुभवों पर बल देते हैं। इससे इतर जो है, विलक्षण, असाधारण, कल्पनावादी, बुद्धि विरोधी, भाववादी उसे वे 'अच्छा नहीं समझते'। वे इसको स्पष्ट कर भी देते हैं।

11.9.80

'असली', 'सामाजिक', 'गार्हस्थ'—इन शब्दों के भीतर झांककर देखिए। असली नकली के वज़न पर नहीं है, उसका मतलब है वास्तविक, तथ्यपरक, इस देश की मिट्टी-पानी से बना, कल्पना प्रसूत नहीं। सामाजिक व्यक्तिवाद के विरोध में खड़ा है, विस्तीर्ण और व्यापक, जिम्मेदार और नैतिक मूल्यों के प्रति सम्पृक्त। 'गार्हस्थ'—एक सामान्य साधारण-जन के मूल्य निहित हैं। अतियों से दूर, न कल्पना के आकाश-कुसुम बटोरता, न हृदय-प्रसार में संकुचित; अध्यात्म, रहस्य, गोपन, अप्रस्तुत, सुदूर आदि को परे फेंकता हुआ।

[छायावाद ने जो भी हिन्दी की प्रकृत काव्य धारा का किया हो, यह सही है कि उसके बिना आज की कविता सम्भव न होती। 'आज की' से मतलब 'नई कविता' से भिन्न जो कविता लिखी गई। छायावाद और 'नई कविता' की समान प्रवृत्तियों के लिए देखो 'पूर्वग्रह' 39-40 में विपिन अग्रवाल की टिप्पणी।]

21.9.80

शुक्ल जी काव्य सम्बन्धी अपने आदर्श और सिद्धान्त एक पढ़े-लिखे, सहृदय, सुशिक्षित, भद्रलोक को लक्ष्य कर प्रस्तुत करते हैं। वे एक तरह से अपने समय की काव्य-रुचि का परिष्कार भी करते चलते हैं। ऐसा सहृदय, सुशिक्षित समाज या तो उनके समय में था, या वे उसे विकसित करना चाहते थे। शुक्ल जी के विवेचन में जो बार-बार 'भद्देपन' का जिक्र है, वह भी इसी तथ्य की ओर इशारा करता है।

22.9.80

शुक्ल जी ज्ञात, व्यक्त और प्रस्तुत के हिमायती हैं, पर थोड़ी छूट अज्ञात और अव्यक्त को भी दे देते हैं। उनकी प्रकृत काव्य-दृष्टि में जब तक "अज्ञात की ओर अनिश्चित संकेत मात्र रहता है" तब तक तो ठीक है "पर जब उसके आगे बढ़कर उस अज्ञात को अव्यक्त और अगोचर कहकर उसका चित्रण होने लगता है, उसका पूरा ब्यौरा दिया जाने लगता है तब लोकोत्तर दिव्य दृष्टि का दावा-सा पैदा होता हुआ जान पड़ता है" कहने की ज़रूरत नहीं, शुक्ल जी इसे पसन्द नहीं करते। लेकिन इसके जो कारण शुक्ल जी ने दिए हैं, वे ध्यान देने योग्य हैं—अज्ञात पर ज़रूरत से ज़्यादा बल देने पर—1. पाठक के पक्ष में अज्ञानप्रियता का अनुरंजन होता है; 2. कवि के पक्ष में उस अज्ञानप्रियता से अहंकार-तुष्टि का अभ्यास पड़ जाता है।

अज्ञानप्रियता का अनुरंजन—जनता में अज्ञान की रूढ़ियाँ विकसित करना, उन्हें पालना-पोसना—इसे लोकवादी शुक्ल जी, जो काव्य की हृदय की मुक्तावस्था और व्यक्ति की शेष सृष्टि के साथ लय में इतनी बड़ी मंगलमयी भूमिका देखते हैं, कैसे बर्दाश्त कर सकते हैं?

कवियों के अहंकार-पोषण की प्रवृत्ति भी काव्य के असली उद्देश्य और प्रकृति को संकुचित करती है। शुक्ल जी को कविता में मजहबी किस्म (सिद्धान्ती या साम्प्रदायिक) के रहस्यवाद को लाने पर आपत्ति इसी वजह से है; क्योंकि मजहबी सम्प्रदायवाद में अपने को पहुँचा हुआ, सिद्ध या ब्रह्मदर्शी बनने का दम्भ होता है, जिसके द्वारा ऐसे लोग 'गँवारों को चकित किया करते हैं। पृ. 69।' जहाँ तक रहस्यवाद 'लोकपक्ष समन्वित' (पृ. 69) है, वहीं तक शुक्ल जी को स्वीकार है, इसके आगे नहीं।

सौन्दर्य को मंगल के साथ जोड़ना। इससे बना 'सौन्दर्य मंगल'। 'मंगल' कविता के एक वृहत्तर नैतिक पक्ष की तरफ इशारा करता है। काव्य मात्र अनुरंजन नहीं, वह कल्याण भी है।

शुक्ल जी उपयोगितावादी नहीं हैं। वे काव्य के वास्तविक सौन्दर्य को सराहते हैं। वे उसे उपदेश या शिक्षाकर्म की वस्तु भी नहीं मानते। वे काव्य का एक बड़ा उद्देश्य परिभाषित करते हैं—ज्ञान-प्रसार और भाव-प्रसार; एक व्यापक सच में व्यक्ति के सच का लय—यह लय ज्ञानियों, योगियों की लय नहीं, यह हृदय की मुक्तावस्था है, जिसमें हृदय अपने तंग दायरे से छूटकर विश्व में बजती हुई रागिनी और झंकार में लय हो जाता है।

शुक्ल जी के हिसाब से इस व्यापक स्वच्छन्द काव्य धारा में अगोचर, अव्यक्त

आदि पर बल देनेवाला रहस्यवाद एक बाधा पैदा करता है। काव्य के स्वरूप में शुक्ल जी इसीलिए बार-बार 'प्रकृत' शब्द का प्रयोग करते हैं। 'प्रकृत सम्बन्ध', 'प्रकृत भाव', 'काव्य की प्रकृत भूमि', 'जीवन का प्रकृत रूप।'

सौन्दर्य। काव्य के गत्यात्मक पक्ष पर बल। 'स्टैटिक' पक्ष का अस्वीकार। गत्यात्मकता में दोनों पक्ष होते हैं, वह एकांगी नहीं होता। प्रेम के साथ घृणा, शान्ति के साथ क्रोध, दैन्य के साथ उत्साह आदि का एक समग्र रूप। सिर्फ़ प्रेम-प्रेम, शान्ति-शान्ति, करुणा-करुणा का एकांगी रूप नहीं। शुक्ल जी की यह धारणा बहुत आधुनिक और प्रगतिशील है।

13.10.80

शुक्ल जी अपने बृहत् निबन्धों, मसलन 'काव्य में रहस्यवाद', 'काव्य में अभिव्यंजनावाद', में एक खास पैटर्न अपनाते हैं। उसके पूरे आकार में पहले अपनी मुख्य-स्थापना को, जिस स्थापना या धारणा या विचार-पद्धति का उन्हें खंडन करना होता है, उसके बरक्स रखते हैं। इस मुख्य द्वंद्व को वे दोनों पक्षों की अन्य सहवर्ती स्थापनाओं के साथ रखते हैं। उनकी भी कई छोटी-छोटी शाखाएँ, उपशाखाएँ निकालते हैं...जैसे दो फेफड़ों में फैली-पसरी छोटी-छोटी शिराओं से बना आकार। इस मुख्य द्वंद्व से शुक्ल जी का काव्य और साहित्य सम्बन्धी चिन्तन कुछ नई स्थापनाओं के रूप में सर्जनात्मक कर्म के विचार-स्फुलिंगों के समान फूटता है। ऐसे क्षणों में शुक्ल जी भविष्यद्रष्टा, सृजनशील मनीषी के रूप में प्रकट होते हैं। [अपने इस विश्लेषण को 'काव्य में रहस्यवाद' के विश्लेषण से पुष्ट करना है।]

उनके बड़े निबन्ध एक तरफ से सम्पूर्ण 'ऑर्केस्ट्रा' हैं, एक महाकाव्यात्मक प्रबन्ध।

17.10.80 रात

इस दृष्टि से शुक्ल जी जो बारम्बार गीति के बरक्स प्रबन्ध की साहित्य-दृष्टि को तरजीह देते हैं, उसे अपने निबन्धों में भी—उन निबन्धों की काय सृष्टि में भी—चरितार्थ करते नज़र आते हैं। चिन्तामणि-1 के छोटे निबन्ध भी पुष्ट दृढ़-बन्ध और कसाव का परिचय देते हैं। उनके छोटे कलेवर में एक क्लासिक सघनता, लाघव और चुस्ती है।

इन छोटे-बड़े निबन्धों की तुलना में आचार्य हजारीप्रसाद द्विवेदी के आत्मपरक कहिए या विचारात्मक या शोधपरक-सब निबन्ध अपनी मूल संवेदना में गीतिपरक (लिरिकल) प्रतीत होते हैं। हजारीप्रसादजी में बहाव है, कसाव नहीं। उनके निबन्ध भाव और विचार की छोटी-छोटी लहरियाँ पैदा करते हुए अपने लक्ष्य तक पहुँचते हैं; जबकि शुक्ल जी के निबन्ध-परिदृश्य में एक नदी की रेती का सादा सपाट विस्तार और खुलापन है—एक उन्मुक्त प्रकाश, एक मैदानी सौन्दर्य—मर्द-सौन्दर्य। उनमें ललित भाव नहीं 'बहाव नहीं।

30.10.80

शुक्ल जी काव्य में लीक से हटकर आई हुई अराजकता से—चाहे वह छन्दविहीनता की हो, प्रस्तुत के स्थान पर अप्रस्तुत के व्यापार की हो, प्रबन्धात्मकता, सुसम्बद्धता और एकान्विति के स्थान पर खंड-खंड काव्यवृत्ति और असम्बद्धता के नाम पर हो—भड़कते हैं, उसी तरह जैसे एक सामान्य आदमी नई चीज़ को देखकर भड़कता है। छायावाद को शुक्ल जी इसीलिए पसन्द नहीं करते कि वह सामान्य आदमी के 'कॉमनसेन्स' को चुनौती देता है। लगता है, छायावाद से शुक्ल जी को उतनी शिकायत नहीं जितना उसमें कार्यरत विदेशी प्रभावों—अंग्रेजी, बंगला के कारण। छायावाद में "यदि लाक्षणिक विधान अपनी भाषा की गतिविधि के अनुसार होता तो क्या अच्छी बात होती!"—शुक्ल जी कहते हैं। शायद वे महसूस करते हैं कि देशी भाषा-विधान में उस तरह छूट लेने की न तो परम्परा रही है, न उसकी प्रकृति में ही उसकी गुंजाइश है, जैसी छायावाद ने ली—विदेशी प्रभावों के अन्तर्गत। उनके हिसाब से छायावाद अप्रस्तुत व्यापारों की एक लम्बी लड़ी के अलावा और कुछ नहीं है। शुक्ल जी के सामान्य आदमी के लिए यह अप्रस्तुत व्यापार एक अनजानी राह है, इसी से वह शंकित है। वह 'महाजनो येन गतः स पंथा' वाले मार्ग का—क्लासिक परम्परा का अनुसरण करना पसन्द करता है। थोड़ी बहुत छूट शुक्ल जी देते ज़रूर हैं—पर उनका स्पष्ट झुकाव सामान्य आदमी की परम्परा-पोषित, जीवनमूलक, विशिष्ट-विरोधी दृष्टि की तरह ही है। यह दृष्टि रीति के बरक्स प्रबन्ध की दृष्टि है, विशिष्ट और वैचित्र्यपूर्ण दृष्टि के बरक्स सामान्य और प्रकृत भावभूमि की दृष्टि है, अराजकता के बरक्स एकान्विति (Unity) और सुसम्बद्धता (Coherence) की दृष्टि।

1.11.80

'काव्य में रहस्यवाद' के अन्त तक पहुँचते-पहुँचते ऐसा लगने लगता है कि शुक्ल जी रहस्यवाद के प्रकृत रूप के विरोधी नहीं थे बल्कि उसके साम्प्रदायिक रूप के विरोधी थे—यह बात कई स्थानों पर स्पष्टतः उन्होंने कही भी। दूसरे यह भी कि वे छायावाद के भी उतने विरोधी नहीं, जितने उसके नाम पर चलनेवाले विदेशी अन्धानुकरण की प्रवृत्ति के। विदेशी प्रभाव को शुक्ल जी अस्पृश्य नहीं मानते, यह बात भी स्पष्ट है। वे केवल उसकी अन्धी नकल के विरोधी हैं। वे एक जगह कहते भी हैं—"विलायत की अन्धाधुन्ध नकल से घबराकर ही यह सारा निबन्ध लिखा गया है।" वे 'अभिव्यंजनावाद' के—जिसे उन्होंने एक विदेशी काव्य-प्रवृत्ति के रूप में अपने दूसरे निबन्ध 'काव्य में अभिव्यंजनावाद' में विस्तार से विवेचित किया है—भी अन्धविरोधी न थे। 'काव्य में रहस्यवाद' में एक स्थान पर वे खुले मन से स्वीकार करते हैं कि "छायावाद के अन्तर्गत बहुत-सी रचनाएँ ऐसी भी हुई हैं, जिसमें 'अभिव्यंजनावाद' के अज्ञात अनुकरण के कारण बहुत सुन्दर लाक्षणिक चमत्कार स्थान-स्थान पर मिलता है। भावना का बहुत ही साहसपूर्ण संचालन, मूर्त्तिमत्ता का बहुत ही आकर्षक विधान और व्यंजना की पूरी प्रगल्भता पाई जाती है। ऐसी रचना करनेवाले कवियों से आगे चलकर बहुत कुछ आशा है।" इस शुभाशंसा के बाद वे 'अनुरोध' रूप में ऐसे कवियों को 'वाद' के साम्प्रदायिक रूप को छोड़कर कविता की प्रकृत भूमि पर ही रहने का निवेदन करते हैं। इससे इस बात का क्या निराकरण नहीं हो जाता कि शुक्ल जी का छायावाद-विरोध पूर्वग्रहयुक्त था, अन्ध था? शुक्ल जी अपने समय के हालतों में सिर्फ़ सेंसर का काम कर रहे थे, काव्य जगत् में अराजकता की जड़ को निर्मूल कर देना चाह रहे थे।

ऊपर के उद्धरण में प्रयुक्त विशेषणों—'साहसपूर्ण', 'मूर्त्तिमत्ता', 'आकर्षक' और 'प्रगल्भता' आदि पर ग़ौर कीजिए। इससे यह आभास मिलता है कि शुक्ल जी काव्य के यथास्थितिवाद—औसत कविता का यथास्थितिवाद—मात्र अच्छी और साफ़-सुथरी कविता का यथास्थितिवाद—तक ही आकर नहीं रुक गए थे, बल्कि वे उसमें नई-नई साहसपूर्ण, आकर्षक और प्रगल्भ व्यंजनाएँ और प्रयोग भी देखना चाहते थे। इस प्रयोग का प्रमाण उन्हें छायावाद के कवियों की रचनाओं के भीतर ही मिला होगा, जिसकी वे मुक्त कण्ठ से प्रायः प्रशंसा भी करते हैं, किन्तु शुक्ल जी यह प्रयोग एक सीमा के भीतर ही ग्राह्य पाते हैं, उसके बाहर नहीं—'कला कला के लिए' वाले नुस्खे के अधीन हुए प्रयोग उन्हें नहीं रुचते, वे सोद्देश्य प्रयोग के हिमायती हैं। उनकी कही हुई—ज्ञानप्रसार में ही हृदयप्रसार है, वाली बात

को उनकी इसी सोद्देश्य प्रयोग समर्थक दृष्टि के प्रमाण के रूप में देखना होगा। वे जानते थे कि जैसे-जैसे ज्ञान प्रसार होगा, बुद्धि व्यावसायिक जगत् का प्रसार होगा, कवि कर्म जटिल होगा और ऐसे में कविता की रूढ़ धारणा से काम नहीं चलेगा। उसमें एक लचीलापन आवश्यक है। यह एहसास उनके चिन्तन में बराबर बना हुआ है। 'काव्य में रहस्यवाद' में पृष्ठ 103 पर जहाँ वे ज्ञान के राग और अज्ञान के राग की बात कहते हैं, उसके मर्म को अच्छी तरह उनके उस अहसास के प्रकाश में ही समझा जा सकता है। ऐसे स्थलों पर शुक्ल जी एक भविष्यदर्शी, अन्तर्दृष्टि सम्पन्न, सूक्ष्म हृदय सर्जक लगने लगते हैं। 'ज्ञान का राग' और 'अज्ञान का राग', इन दो अर्थगर्भ प्रत्ययों की रचना मात्र आलोचक का काम नहीं, यह एक सूक्ष्मदर्शी रचनाकार का काम है। शुक्ल जी को हिन्दी का पहला समर्थ कवि-आलोचक कहा जा सकता है।

कविता की वस्तु को व्यापक और कविता के रूप को लाक्षणिक बनने की छूट देते हुए—बल्कि उसका स्वागत करते हुए—भी शुक्ल जी एक बात पर अटल हैं, अडिग, दृढ़—और वह है सामान्य आदमी, जो उनके लिए कविता का स्रष्टा भी है और उसका गृहीता भी। शुक्ल जी इसी आदमी को अपने काव्य-चिन्तन के केन्द्र में रखे हुए हैं। इस सामान्य आदमी के स्वभाव को वे बार-बार 'प्रकृत' शब्द से प्रकाशित करते हैं। यह आदमी न तो सपाट है, न अन्धगह्वरवादी—इसमें ऊँचाइयाँ भी हैं और गहराइयाँ भी—ज्ञान का राग भी और अज्ञान का राग भी–पर बुनियादी रूप में वह प्रस्तुत है, प्रकृत है, मूर्त है, सरस है। उसकी बनावट के ढांचे में भाव प्रमुख है। यह भाव वह बाह्य प्रकृति के विविध आलम्बनों से पाता है। कल्पना भी उसमें है, पर उसका काम अन्तरिक्ष में उड़ान भरना नहीं, उसके भाव-व्यापार को समृद्ध करना है, उसमें लाक्षणिकता भरना है, भाव के शरीर पर नए-नए आभूषणों की मानिन्द सजना है।

3.11.80

'काव्य में रहस्यवाद' पढ़ते समय बार-बार लगता है कि शुक्ल जी रहस्यवाद या छायावाद के अन्ध विरोधी न थे—वे इन काव्य-प्रवृत्तियों में विलायती प्रभाव के विरुद्ध थे, क्योंकि उनके अनुसार ये प्रभाव ज्यों-के-त्यों हिन्दी भाषा की प्रकृति के खिलाफ लिये गए थे। सूफ़ियों द्वारा लाए गए रहस्यवादी प्रभाव को बहुत पसन्द न करते हुए भी शुक्ल जी उसे 'रिजेक्ट' नहीं करते, उसके महत्त्व और गौरव को स्वीकारते हैं तो इसलिए कि प्रेममार्गी सूफ़ी मुसलमान कवियों ने ये फारसी प्रभाव

हिन्दी भाव-भंगिमा और शब्द-भंगिमा को लेकर ग्रहण किए हैं। छायावाद-रहस्यवाद में जो प्रभाव सीधे अंग्रेजी-बंगला के माध्यम से आए, वे शुक्ल जी को इसलिए अग्राह्य हैं क्योंकि वे हिन्दी भाषा की प्रकृति के विरुद्ध हैं।

भाषा के आधार पर छायावाद-रहस्यवाद का यह स्वीकार-अस्वीकार शुक्ल जी की दूरदृष्टि का परिणाम है। छायावाद में भाषा-विरुद्ध जो प्रभाव—चाहे सीधे, चाहे बंगला से छनकर—हिन्दी में आए, उन्होंने बहुत दूर तक हिन्दी की प्रकृति को प्रभावित किया। भाषा में वर्ण-संकरता के खतरे की तरफ़—और शायद भाषा के माध्यम से काव्य-प्रकृति में वर्ण-संकरता के खतरे की तरफ—यह शायद पहला इशारा था, जो कि शुक्ल जी के समकालीनों ने न देखा-सुना। यह भाषा में शुद्धता की आर्यसमाजी ढंग की माँग न थी, यह भाषा की अस्मिता को बरकरार रखने का आग्रह था।

शुक्ल जी अपने समय की बृजभाषा की परम्परा में लिखी कविताओं और द्विवेदी युगीन इतिवृत्तात्मक परम्परावाली कविताओं की सीमाओं को महसूस करते थे, यह 'काव्य में रहस्यवाद' (विशेष पृ. 122) से ही स्पष्ट हो जाता है। उस तरह की क़विता अपने विस्तार के लिए अधिकतर अलंकार-प्रयोग पर आश्रित थी। इसमें जाहिर है ज़्यादा ज्ञान-प्रसार और हृदय-प्रसार की गुंजाइश न थी। शुक्ल आनेवाले युगों के जटिल जीवन प्रवाह का अनुभव कर रहे थे। अत: छायावाद के माध्यम से ही सही, जिस नई लाक्षणिकता और व्यंजना का प्रवेश हो रहा था, उसका वे स्वागत करते थे। एक स्थान पर (पृ. 122) वे कहते हैं—"लाक्षणिकता के सम्यक् और स्वाभाविक विकास द्वारा भाषा, भावक्षेत्र और विचार क्षेत्र, दोनों में बहुत दूर तक, बहुत ऊँचाई तक और बहुत गहराई तक प्रकाश फेंक सकती है।" वे कविता-कर्म की कितने आयामों में कल्पना करते थे, यह इस एक वाक्य से सहज स्पष्ट हो जाता है। उनका आग्रह निरन्तर काव्य-विकास पर है, हाँ! इतना वे जरूर चाहते हैं कि वह विकास सम्यक् और स्वाभाविक हो, जबर्दस्ती, ओढ़ा हुआ या बनावटी नहीं। इसके बाद वाले वाक्य में यह कार्य सम्पन्न करने के लिए छायावाद का साधुवाद करते हैं।

छायावाद का उन्मुक्त, बिना किसी रिजर्वेशन' के, स्वीकार शुक्ल जी में नहीं है। उसके आगे वे बार-बार चेतावनी देते हैं, सीमा-रेखाएँ खींचते हैं। लगता है, वे स्वभाववश नहीं कर्मवश छायावाद को स्वीकृति दे रहे हैं।

इसी लेख में शुक्ल जी ने अनजाने में एक महत्त्वपूर्ण बात कह दी है, जिससे छायावाद का वर्ग आधार स्पष्ट हो जाता है। वे कहते हैं : "हम नहीं समझते कि बिना हिन्दीवालों की खोपड़ी को एकदम खोखली माने उसके बीच इस प्रकार के

अर्थशून्य वाक्य छायावाद के सम्बन्ध में कैसे कहे जाते हैं कि 'यह नवीन जागृति का चिन्ह है, देश के नवयुवकों की दहकती हुई आग है, इत्यादि, इत्यादि।' भला देश की नई 'जागृति' से देशवासियों की दारुण दशा की अनुभूति और असीम-ससीम के मिलन, अव्यक्त और अज्ञात की झाँकी आदि का क्या सम्बन्ध?" इस कथन में यह तथ्य छिपा हुआ है कि देश का यथार्थ कुछ और है और रहस्यवादी-छायावादी कविता का यथार्थ और कुछ और है। दोनों में एक खाई है, कविता देश के दारुण यथार्थ को नहीं प्रस्तुत कर रही है, बल्कि उससे दूर है। शायद इसलिए कि वह मध्यवर्गीय मन की उपज है, बहुसंख्य के कटु, दारुण यथार्थ से कटे हुए, कल्पनाजीवी, व्यक्ति-परक मन की उपज। शुक्ल जी प्रकारान्तर से शायद यह कहना चाह रहे हैं कि छायावाद अपने युग की माँगों को पूरा नहीं कर पा रहा है। युग की आवश्यकता 'देशवासियों की दारुण दशा की अनुभूति' का चित्रण है न कि ससीम और असीम के मिलन की झाँकी प्रस्तुत करना। छायावाद की प्रकृति में 'ससीम-असीम मिलन' का कितना तत्त्व था, यह विवाद का विषय हो सकता है, पर उसके बारे में शुक्ल जी की यह शंका कि वह देश के प्रकृत और प्रकट यथार्थ को वहन नहीं कर रही है, क्या गैर-वाजिब है?

शायद शुक्ल जी की छायावाद से यह अपेक्षा (देशवासियों की दारुण इत्यादि) समय के आगे की माँग थी। वह समय इस माँग को पूरा करने में अक्षम था।

जीवन जो जिया जा रहा है, वह एक कोटि और वर्ग और जिस जीवन को रचा जा रहा है, वह उससे भिन्न कोटि और वर्ग का—यह है वह भेद, जिसकी तरफ शुक्ल जी अनजाने में इशारा कर रहे हैं।

इस दृष्टि से यह बात बहुत तथ्य विरोधी नहीं लगती कि छायावाद कविता में मध्यवर्ग का विद्रोह था। छायावादी आन्दोलन एक मध्यवर्गीय विद्रोह था। उस समय का मध्यवर्गीय मन ज़्यादा स्वतंत्रता चाहता था, ज़्यादा छूट और उड़ने को आकाश। द्विवेदीकालीन और ठोस ज़मीन की गत्यात्मकता का आविष्कार न किए जाने के परिणामस्वरूप उसके गले में पत्थर बनकर अटक चुकी थी। वह जमीन एक रूढ़ि बन चुकी थी। इसमें जमीन का दोष न था। आकाश भी रूढ़ि बन जाता है। रूढ़ि नए-नए विकास की सम्भावना का एक जगह रुक जाना है। द्विवेदीकाल पूर्ववर्ती ब्रजभाषा काव्य के मुकाबले अधिक मूर्त और यथार्थ और अपनी जमीन पर टिका था। पर उस युग-सन्धि पर—क्या महावीर प्रसाद द्विवेदी के कठोर दबदबे के कारण?—उसका विकास अवरुद्ध हो गया था। वह शुद्ध भावभाषा के नियम-निषेधों में बँध गई थी—एक औसत किस्म की रचना हो रही थी—शुक्ल जी ने अपने 'इतिहास' में जिन साफ-सुथरे स्वच्छन्दतावादी कवियों का स्वागत किया है, वे भी

द्विवेदी स्कूल के कवियों से किंचित बेहतर होते हुए भी ज़्यादा-से-ज़्यादा औसत अच्छी कविता ही लिख रहे थे। द्विवेदीकाल की जमीन पर उनकी छोटे-छोटे परों की उड़ानें कोई नई हवा रच पाने में असमर्थ थीं। इसलिए परिवर्तन अवश्यम्भावी था। छायावाद इसी आवश्यकता की पूर्ति को लेकर सामने आया। द्विवेदीकाल के कवि-लेखक-पत्रकार आदि, आप देखिए तो, देशी रंग में रँगे हुए दीखते हैं, उनकी भाव-भंगी और शब्द-भंगी में खाँटी, देसीपन की महक है, अंग्रेजी रचनाओं के, गद्य के, पद्य के अनुवाद जरूर इन्होंने किए हैं, लेकिन चिन्तना और सर्जना के स्तर पर उनका रंग अभी भी खालिस देसी है। इसके मुकाबले छायावाद के कवियों के रंग-ढंग में देशी-विदेशी संस्कार का एक वर्ण-संकरपन जाहिर होने लगता है। एक मिलावट, दो विपरीत तत्त्वों की एक नई टकराहट और बाद में धुलावट।

5.12.80

**भक्ति का विकास**

'द्रवयज्ञ'-फल के लिए पूजा। फिर 'उपासना' जिसमें ब्रह्म से परिचय, उसका ज्ञान। यह ज्ञान दो रूपों में—प्रवृत्तिमार्गी ज्ञान, निवृत्तिमार्गी ज्ञान। यह काल उपनिषदों का था। इसी से अनन्तर भागवत् धर्म का विकास, जिसका समय महाभारत का है और जिसकी अभिव्यक्ति 'भगवद्गीता' में हुई। 'भगवद्गीता' में ब्रह्म के दोनों रूपों का समन्वय है—प्रवृत्ति और निवृत्ति, सगुण और निर्गुण, व्यक्त और अव्यक्त। वैदिक 'फल' के लिए पूजा में से फलासक्ति निकाल ली गई। ब्रह्म का सगुण विराट् रूप दिखाया गया, पर उसे बाद में माया का रूप बताया गया। एक सन्तुलन ज्ञानपक्ष और हृदयपक्ष में, सगुण और निर्गुण में। निराकार और साकार, दोनों। आगे चलकर यह सन्तुलन टूट गया और ब्रह्म के मधुर पक्ष पर ही बल रह गया, खासकर कृष्णोपासना में, लोकपक्ष और लोकमंगल तिरोहित होता गया।

'गीता' और 'भागवत वैष्णव' भक्ति मार्ग के दो प्रधान ग्रंथ। 'गीता' भक्ति का कर्म-ज्ञान समन्वित व्यापक रूप प्रत्यक्ष करती है। "गीता का उपदेश तो यही रहा है कि जानते चलो, भक्ति करते चलो और कर्म करते चलो।"

6.12.80

भक्ति और रहस्यानुभव (मिस्टिक एक्स्पीरिएंस) में अन्तर। भक्ति में ज्ञान की प्रेरणा या चैतन्य भी होता है, वह मात्र प्रेम का उन्माद नहीं होता। भक्त ब्रह्म के स्वरूप में

अपनी सारी सत्ता—हृदय, प्राण, बुद्धि, कल्पना, संकल्प, सारी वृत्तियों को समाहित और घनीभूत करके बड़े वेग के साथ लीन कर देता है।

कोरे ज्ञानी को भगवान के स्वरूप—व्यक्त और सगुण रूप की कुछ जानकारी—भर रहती है। पर भक्त उसका साक्षात्कार करता है भावना और कल्पना द्वारा—ज्ञान के साथ उसकी रसात्मक अनुभूति होती है। साक्षात्कार होना = कल्पना में पूर्ण बिम्बन होना। काव्य में जो प्रक्रिया 'रस प्रतीति' है, वही भक्ति में साक्षात्कार की।

शुक्ल जी भक्ति को भी सहज मानवीय क्रिया के रूप में ही दिखाते हैं, कोई असहज, असाधारण, अलौकिक क्रिया के रूप में नहीं। कविता भी रागात्मिका वृत्ति पर आधारित है और भक्ति भी—भक्ति की अनुभूति काव्य की लीनता या रसप्रतीति की अनुभूति ही है। दोनों की प्रक्रियाएँ भी स्वाभाविक और सीधी-सादी हैं। कल्पना या भावना, दोनों की ही निष्पत्ति दोनों में आनन्दानुभूति में होती है। इस सारे विधान में "न इड़ा पिंगला नाड़ियाँ हैं, न सहस्रारचक्र, न आसन, न प्राणायाम्।"—शुक्ल जी यहाँ यही दिखा रहे हैं कि भक्ति का अनुभव, उसे हासिल करने की क्रिया बहुत सहज है, उसमें कोई पेच नहीं—उतनी ही सहज जितनी काव्य की प्रक्रिया।

शुक्ल जी कहते हैं : "भक्त की सम्पत्ति केवल उसके प्रेम की गम्भीरता है, कोई अलौकिक सिद्धि आदि नहीं। सर्वसाधारण में भक्तों को अलौकिक ज्ञान-सम्पन्न अलौकिक सिद्धि सम्पन्न समझने की चाल योगियों के साथ उनका घालमेल करने के कारण चली है। वैष्णव भक्ति मार्ग तो सीधा-साधा प्रेममार्ग है..."—अति सूधो सनेह को मारग है जहँ नेकु सयानप बाँक नहीं।'

भक्तिमार्ग की साधना का आधार मनुष्य की सहज रागात्मिका वृत्ति (साइकोलॉजी ऑफ़ ह्यूमन इमोशंस) है। —शुक्ल जी यह बार-बार कहते हैं। सहजता पर उनका बराबर जोर है, वक्रता, असाधारणता के प्रति उनका रुख स्पष्ट और कड़ा है।

8.12.80

इस निबन्ध में भी शुक्ल जी ने-भक्ति के विकास क्रम में—रहस्यवाद का प्रश्न उठाया है, उसकी भक्ति और काव्य में विवेचना की है।

भक्ति के क्षेत्र में भी, जैसे कि काव्य के क्षेत्र में, शुक्ल जी रहस्य-भावना को एक परिमित स्थान ही देते हैं, भक्ति-भावना को तीव्र और विस्तृत करने के लिए—'भावोपलब्धि के साधन के रूप में।'

शुक्ल जी ब्रह्म के उभयात्मक—व्यक्ताव्यक्त, सगुण-निर्गुण, मूर्तामूर्त—रूप पर बल देते हैं, जबकि रहस्यवादी ब्रह्म के अव्यक्त, अज्ञात, निर्गुण और असीम

आदि निषेधात्मक पहलुओं पर! शुक्ल जी केवल भक्ति के भावपक्ष में (ज्ञानपक्ष में नहीं) ब्रह्म के इस निषेधात्मक रूप को स्वीकार करते हैं और रहस्यवादियों के 'नेति नेति' की एक नई व्याख्या, एक नया अर्थ-विस्तार करते हैं। वे कहते हैं : "अव्यक्त, निर्गुण, असीम इत्यादि निषेधवाचक शब्दों का अभिप्राय केवल इतना है कि जहाँ तक ब्रह्म हमारी परिमित बुद्धि को व्यक्त...है, जिस सीमा तक हमारा ज्ञान पहुँच सकता है, जिस गुण-समूह तक हमारी अनुभूति जा सकती है, उसके आगे भी वह अनन्त है, उसके आगे उसका स्वरूप न जाने कैसा है, उसके आगे उसके गुण न जाने क्या-क्या हैं?"

वे आगे कहते हैं : "ज्ञानपक्ष में इस उभयात्मक भावना से इयत्ता का परिहार होता है और भावपक्ष में कुतूहल और आश्चर्य की योजना।"

"ईश्वर के महत्त्व और असीमता की एक अस्फुट भावना जगाकर भक्त को आश्चर्यचकित करने के लिए अज्ञात की ओर संकेत तथा भगवान को रागात्मक हृदय के बिलकुल पास लाने के लिए कल्पना में उनके किसी मधुर और रमणीय विग्रह की प्रतिष्ठा—यहीं तक रहस्यवाद कां उपयोग हम असली और सच्चा मानते हैं।"

रहस्यवाद रमणीयता की वृद्धि के लिए—यह रमणीयता उपास्य के प्रति कुतूहल और आश्चर्य की वृद्धि से पैदा होगी। "इस कुतूहल या आश्चर्य की रहस्यात्मक रमणीयता ज्ञात और अज्ञात, व्यक्त और अव्यक्त, ससीम और असीम—इन विरुद्धों को एक साथ रखने में अनुभूत होगी।"

भारतीय भक्तिमार्ग पाश्चात्य भक्तिमार्ग से अलग है। पाश्चात्य भक्तिमार्ग या प्रेमपक्ष रहस्यवाद (मिस्टिज्म) कहलाता है और भक्ति या प्रेम का आधारभूत तत्त्व ज्ञान भी उसी रहस्यवाद के भीतर घसीटा जाता है।

इसका कारण यह है कि पाश्चात्य भक्ति की जड़ें यहूदी धर्म और ईसाई धर्म में हैं, जो मूल रूप में रहस्यात्मक हैं, यानी उनमें तत्त्वचिन्तन की पद्धति अर्थात् ज्ञानकांड का उपदेश नहीं था। यह ज्ञानकांड बाद में यूनान से आया—पर यह तात्विक (रैशनलिस्टिक) सिद्धान्त यूरोप के भक्तिमार्ग में रहस्य-सिद्धान्त के रूप में गृहीत हुआ। काव्य के क्षेत्र में भी भक्तिमार्गी रहस्यवाद का कारण यही है।

भारतीय भक्तिमार्ग में तत्त्वज्ञान पर बल है। "उपनिषदों की बातें बेहोशों और मूर्च्छितों की बातें नहीं हैं, स्वाभाविक पद्धति से तत्त्वचिन्तन करनेवाले ऋषियों की बातें हैं।" पश्चिमी रहस्यवाद इंट्यूशन पर बल देता है, सूफ़ी 'आवेश' पर।

हमारे यहाँ अज्ञात की उपासना को 'गीता' में अविद्या की उपासना कहा है। भारतीय भक्तिमार्ग और पाश्चात्य भक्तिमार्ग के एक महत्त्वपूर्ण अन्तर की तरफ

शुक्ल जी हमारा ध्यान दिलाते हैं। हमारे यहाँ ईश्वर के प्रत्यक्ष रूपों के प्रति पूज्य बुद्धि जाग्रत करने का उपक्रम है, जबकि पैगम्बरी मजहबों में ऐसे प्रत्यक्ष रूपों के प्रति पूज्यभाव रखना पाप माना जाता है। मुस्लिम मूर्तिपूजा के विरोधी हैं।

भक्ति को मूर्त और प्रत्यक्ष के आधार पर प्रतिष्ठित करें, न कि उस पर जो अमूर्त और परोक्ष है। इस सन्दर्भ में शुक्ल जी कृष्ण के द्वारा गोपों को इन्द्र की बजाय गोवर्धन की पूजा करने की सलाह का उल्लेख करते हैं। शुक्ल जी यहाँ यह दिखा रहे हैं कि हमारे यहाँ भक्ति अप्राकृतिक, असाधारण, अलौकिक, परोक्ष सत्ता आदि पर आश्रित नहीं।

| पूजा | उपासना | भक्ति |
|---|---|---|
| [वैदिक] | [उपनिषद्] | [भागवत् काल] |

अवतार की कल्पना भक्ति के मूर्त सगुण परोक्ष पक्ष को स्थापित करने के लिए ही है।

निर्विशेष = एब्सोल्यूट

हमारे यहाँ भक्ति का स्वरूप लोक-व्यवहार के भीतर ही विकसित हुआ, उसके बाहर रहकर नहीं। उसका एक ठोस मानवीय आधार है। इस सम्बन्ध में शुक्ल जी कहते हैं : "मनुष्य का इस जगत् के साथ जो अनेक रूपात्मक सम्बन्ध है, उस सम्बन्ध को भगवत् सम्बन्ध के रूप में प्रकाशित करने के लिए ये अवतार पृथ्वी पर आए हैं। माता-पिता जिस प्रेम से बालक की रक्षा और पालन करते हैं, पति-पत्नी जिस प्रेम से एक-दूसरे को अनुरंजित करते हैं, भाई-भाई जिस प्रेम की प्रेरणा से एक-दूसरे को सहारा देते हैं, जिस करुणा से प्राणियों की रक्षा की जाती है, जिस क्रोध से जनसमाज को पीड़ित करते हुए आततायियों और अत्याचारियों का दमन किया जाता है, वह प्रेम, वह करुणा, वह क्रोध भगवान का प्रेम, भगवान की करुणा और भगवान का क्रोध है।"

भारतीय (सगुणमार्गी) भक्तों का 'शस्त्र भी मानव हृदय है और लक्ष्य भी।' भक्ति को शुक्ल जी 'धर्म का हृदय' कहते हैं।

वे कहते हैं : "सगुणमार्गी भक्ति के लिए भगवान की ओर ले जानेवाला रास्ता इसी संसार के बीच से होकर जाता है।"

10.12.80

**सूरदास-जीवनवृत्त**

प्रबन्ध और मुक्तक काव्य को शुक्ल जी आमने-सामने खड़ा करते हैं। सिर्फ़ दो

भिन्न काव्य प्रकारों के रूप में नहीं, बल्कि दो भिन्न जीवन-मूल्यों के रूप में। प्रबन्ध की मूल दृष्टि एक समग्र दृष्टि है, जिसमें जीवन के दोनों रूप—लोकरक्षक, लोक रंजक—समाहित हैं, मुक्तक की मूल्य दृष्टि में सिर्फ़ लोकरंजन का भाव है, अत: वह एकांगी है। शुक्ल जी मानो यह बताना चाहते हों कि प्रबन्ध के द्वारा ही मनुष्य के सब भावों का उन्मोचन हो सकता है, मुक्तक के द्वारा नहीं। प्रबन्ध मनुष्य की पूर्ण अभिव्यक्ति है, मुक्तक मनुष्य के सिर्फ़ एक अंश की।

### काव्य में लोकमंगल

आनन्द की सिद्धावस्था के अन्तर्गत शुक्ल जी ने अधिकांश छायावादी कविताओं को रखा है।

**विरुद्धों का सामंजस्य** ही कर्मक्षेत्र का सौन्दर्य है। भीषणता में भी मनोहरता, कटुता में भी मधुरता, प्रचंडता में गहरी आर्द्रता।

[विरुद्धों का यह सामंजस्य एक प्रबन्ध में अधिक सम्भव है, बनिस्बत मुक्तक या गीति के।]

विरुद्धों का यही सामंजस्य लोकधर्म का भी सौन्दर्य है।

कर्म-सौन्दर्य, लोकधर्म, लोकमंगल आदि सब शुक्ल जी के यहाँ पर्यायवाची लगते हैं।

स्थिर सौन्दर्य = उपभोग पक्ष; गत्यात्मक सौन्दर्य = प्रयत्न पक्ष।

'भगवान की आनन्दकला' आदि जैसे शब्द एक आधुनिक को कुछ परेशानी में डालते हैं, पर शुक्ल जी एक आस्तिक समीक्षक थे। काव्य-विवेचन के सन्दर्भ में ब्रह्मानन्द और काव्यरस, दोनों को एक ही धरातल पर रखने की हमारी प्राचीन शास्त्रीय परम्परा का ही वे पालन करते हैं।

फिर भी शुक्ल जी का दृष्टिकोण वैज्ञानिक समीक्षा का ही है। वे एक जगह कहते हैं : 'अध्यात्म' शब्द की मेरी समझ में काव्य या कला के क्षेत्र में कहीं कोई जरूरत नहीं है।"

इससे पहले 'भक्ति का विकास' वाले लेख में उन्होंने उस पाश्चात्य धारणा का सटीक खंडन किया है जो उपनिषदों के ज्ञान को अनिर्वचनीय और रहस्यमय बताता है। उनका कहना है कि उपनिषद् तत्त्वचिन्तन (रैशनल) का परिणाम है, किसी मूर्छा का नहीं।

'वज्रादपि कठोर कुसुमादपि मदु'—शुक्ल जी का आदर्श—विरुद्धों का सामंजस्य-काव्य में प्रयत्न पक्ष का स्वरूप—आनन्द की साधनावस्था। इसमें गति

मुख्य है, सफलता या विफलता नहीं। गति का भी अपना सौन्दर्य होता है। गति आदि से अन्त तक सुन्दर होती है।

पालन और रंजन का विधान

राग

दो भाव

प्रेम (विशेष, परिमित, परिचित)

करुणा (निविशेष, अपरिमित, अपरिचित)

आनन्द की सिद्धावस्था का बीज भाव

आनन्द की साधनावस्था का बीज भाव

रक्षा का विधान

पालन और रक्षा में अन्तर :

पालन रक्षित का होता है, रक्षा आपादग्रस्त की।

**गीत काव्य**—जिसमें मधुर ध्वनि-प्रवाह के बीच कुछ चुने हुए पदार्थों और व्यापारों की झलक-भर काफी होती है।'

**प्रबन्ध काव्य**—'जिसमें कथाक्रम से अनेक पदार्थों और व्यापारों की शृंखला जुड़ती चली जाती है।'

14.12.80

शुक्ल जी ने अपनी समीक्षा में दोनों पक्षों को—दोनों विधियों को—समाहित किया है। एक पक्ष है—कवि या कृति के मन में अन्तर्मन में प्रवेश; दूसरा पक्ष है—काव्यालंकार की तुला पर तौलने का। एक आधुनिक समीक्षा का उपकरण है, दूसरा पारम्परिक शास्त्रीय समीक्षा का। शुक्ल जी दोनों पक्षों का बराबर ध्यान रखते हैं।

कवि कल्पना—विधायक कल्पना, सृष्टिकारी कल्पना—का प्रत्यय शुक्ल जी ने कॉलरिज के secondary imagination से लिया है।

15.12.80

पृ. 110—'कविता में रहस्यवाद' निबन्ध को लिखने का बीज रूप विचार। यह समस्या शुक्ल जी को इस समय से घेरे थी।

छायावाद शुक्ल जी का 'एकीलीज़ हील' है। यह बात बार-बार मन में आती है।

कविता में सिर्फ़ भावपक्ष बल्कि अलंकार भी शुक्ल जी को वे ही भाते हैं, जिनका 'संस्कार जन-साधारण के हृदय पर पहले से जमा चला आता है।' दूर की कौड़ी वे कहीं भी नहीं चाहते।

16.12.80

जो लोग मात्र ज्ञानमार्गी—बुद्धिमार्गी—हैं, उनके पथ का निराकरण शुक्ल जी हृदय का 'अज्ञान' का पक्ष लेकर करते हैं और जो सिर्फ़ संवेदनवादी हैं—हृदयवादी हैं—(छायावादी-रहस्यवादी) (यह रहस्यवाद भाव में ज्ञान की मिलावट के घपले से पैदा होता है), उनके सामने बुद्धितत्त्व (रैशनल) का पक्ष लेते हैं। बुद्धि के सामने स्वानुभूति और धुंधलेपन के सामने बुद्धि व्यावसायिक क्रिया की प्रखरता।

अपने विश्लेषण में शुक्ल जी कालबद्ध देश से बीच-बीच में ऊपर उठकर सार्वकालिक देश तक पहुँचते हैं। सूर के विश्लेषण में, चाहे भक्ति का सिद्धान्त पक्ष हो या काव्य-विमर्श, वे कभी शेली तो कभी अन्य अंग्रेजी कवि और लेखकों का उल्लेख करते हैं। उस समय की हिन्दी आलोचना के लिए—यह सर्वदेशीय सन्दर्भ—यह बात नई रही होगी। पुराने खयाल के आलोचकों के लिए कष्टप्रद और अप्रीतिकर। पर इससे शुक्ल जी की दृष्टि का खुलापन ही सिद्ध होता है। वे हर नए विचार के लिए अपने मस्तिष्क और संवेदन की खिड़कियाँ खुली रखते थे। सूर की बात करते-करते एकाएक शेली या एड्वर्ड कारपेंटर की बात करने लगना उस वक्त लोगों को कितना चौंकाता होगा, इसका कुछ अनुमान लगाया जा सकता है।

17.12.80

"काव्य की सृष्टि का लक्ष्य किसी वस्तु या रागात्मक स्थिति उत्पन्न करना नहीं, बल्कि उस वस्तु या विषय के सम्बन्ध में कोई भाव या रागात्मक स्थिति उत्पन्न करना होता है।'—पृ. 132—इस कथन के आशय पर निगाह रखना है, शुक्ल जी

यहाँ भाव पर बल दे रहे हैं, वस्तु पर नहीं। आगे शायद वे कहीं तथ्य पर बल देते हैं—वस्तुज़गत्-व्यापार पर।

18.12.80

चाहे भक्तिमार्ग हो या कविता, शुक्ल जी का जोर उसके सर्वजन-सुलभ रूप पर है। सर्वजन सुलभ वही वस्तु होगी जो सरल, सहज और स्वाभाविक हो, उसमें कोई पेंच या खींच-तान न हो। तुलसी इसलिए उन्हें पसन्द हैं कि उनमें जीवन के बहुविधि रूप मिलते हैं। कड़वे, मीठे, मृदु-कठोर—सभी पक्ष और उनका पथ भी संसार के लिए ऐसा ही सुलभ है, जैसे अन्न और जल। शुक्ल जी के लेखे कविता भी अन्न-जल की तरह ठोस, वास्तविक और सर्वजन-सुलभ होनी चाहिए। शुक्ल जी को धर्म भी वही पसन्द है जो लोकधर्म हो, एकान्त-धर्म नहीं।

पर शुक्ल जी ने भारतीय और पाश्चात्य भक्तिमार्ग के अन्तर को दर्शाया है। लगभग यही सामग्री बाद में उनके 'काव्य में रहस्यवाद' निबन्ध में है। 'सूरदास' में भी भक्ति का विकास' अध्याय में उन्होंने इस अन्तर को दर्शाया है और लगभग वही तर्क दिए हैं।

'सूरदास' और 'काव्य में रहस्यवाद' में भी, कई स्थलों पर, समान सामग्री है। इससे ऐसा प्रतीत होता है कि भक्ति और कविता में सहज, स्वाभाविक, सरल, सर्वजन सुलभ की लड़ाई शुक्ल जी एक ओर तो व्यावहारिक समीक्षा में लड़ रहे थे, दूसरी ओर सैद्धान्तिक स्तर पर भी लड़ रहे थे। कविता में गढ़े गए रहस्य-जंजाल को वे अपने सिद्धान्त-विवेचन की प्रखर दृष्टि से काटते हैं, यह रहस्यवाद चाहे भक्ति युग का हो, चाहे छायावाद युग का।

ऐसा लगता है कि शुक्ल जी ने छायावाद-रहस्यवाद की अस्पष्टता, असहजता, असाधारणता का जो विरोध किया, उसकी जड़ उनके मध्यकालीन भक्तिमार्ग के अध्ययन में है। उन्होंने कबीर और ज्ञानमार्गी सूफियों, लोक विमुख, व्यक्तिगत, एकान्त सेवी भक्तों का भी, खासकर कृष्णभक्ति शाखा के सूर का भी इसी दृष्टि से विरोध किया। छायावाद-विरोध उस मूल विरोध की सहज परिणति लगती है।

19.12.80

दृश्य और द्रष्टा। ज्ञात और ज्ञेय। शुक्ल जी दृश्य पर आग्रह रखते हैं। यह दृश्य ही तथ्य है। वस्तु है, प्रकट और व्यक्त और प्रस्तुत।

सत्य न अनुभूति है, न ज्ञान। वह मनुष्य की आत्मा के भीतर, न बाहर, वह मनुष्य और जगत् के सम्बन्ध-बोध में है, इस सम्बन्ध में बाहर-भीतर दोनों की सत्ताएँ परस्पर टकराती मिलती हैं। कवि बाहर और भीतर के बीच मध्यस्थ है।

शुक्ल जी भारतीय भक्तिमार्ग को भी मध्यस्थ के रूप में ही देखते हैं—व्यक्ति-कल्याण और लोक-कल्याण के बीच। उसमें ये दोनों मिलते हैं। उसमें दोनों का अस्वीकार नहीं है। वह दोनों को लेकर चलता है।

भक्ति को शुक्ल जी हृदय का एक भाव मानते हैं।

जिस पाखंड और आडम्बर से तुलसी को अपने समय में चिढ़ रही होगी, कुछ वैसी ही चिढ़ शुक्ल जी को अपने समय में व्याप्त रहस्यवादी-छायावादी पाखंड और बिना समझी-बूझी बातें बकनेवालों के प्रति थी। उन्होंने छायावाद-रहस्यवाद पर एक कविता ही लिख दी थी—'पाखंड-प्रतिषेध'। पाखंड-विरोध का आदर्श उन्हें तुलसी में मिला; तुलसी जैसा ही सात्विक रोष शुक्ल जी में है।

जिस समय में 'सूरदास', 'तुलसीदास' और 'काव्य में रहस्यवाद' जैसी चीजें लिखी गईं, वह छायावाद के उत्कर्ष का दौर था।

20.12.80

शुक्ल जी तुलसीदास के प्रशंसक मुख्य रूप से इसलिए हैं कि तुलसी ने **भक्ति के सच्चे सामाजिक आधार** को खड़ा किया, सिर्फ़ भक्ति की एकान्त साधना नहीं की।

इस सामाजिक आधार के लिए तुलसी ने 'रामचरित' को लिया, जिसमें मनुष्य जीवन के सभी रूप, आदर्श समाहित हो सकते थे। सूर की तरह सिर्फ़ जीवन का माधुर्य पक्ष ही नहीं लिया, क्योंकि माधुर्य भाव मात्र से लोकधर्म की प्रतिष्ठा का काम नहीं चल सकता था। तुलसी को संसार के बीच रहने से उपजे सब मानव सम्बन्धों की दरकार थी, उसके एक या दो रूपों की नहीं। वे मनुष्य और जगत् के सम्बन्धों को उसकी समग्रता में लेना चाहते थे। मानव-जीवन के समस्त व्यापारों तक पहुँचना चाहते थे।

22.12.80

शुक्ल जी की सैद्धान्तिक समीक्षा के बीच-बीच में वे अंश आलोचनात्मक दृष्टि से प्रखर और स्पष्ट नहीं हैं, जहाँ शुक्ल जी के भीतर का आस्तिक बोलने लगता है।

सद्उद्देश्य के लिए सन्मार्ग (Means) ही हो इसमें शुक्ल जी का विश्वास नहीं। "लक्ष्य यदि व्यापक और श्रेष्ठ है तो साधन का अनिवार्य़ अनौचित्य उतना खल नहीं सकता।" यहाँ वे गांधीजी के सिद्धान्त के विरुद्ध थे।

28.12.80

शुक्ल जी अपने काव्य विश्लेषण में जब-तब आलोचना का शास्त्रीय पक्ष—अलंकार-विवेचन—भी लाने लगते हैं। इससे यह लगता है कि शुक्ल जी के समय में इस तरह की आलोचना, जिसमें काव्य के बाह्य पक्ष, काव्यशास्त्रीय पक्ष की विवेचना ही रहती होगी, उसका काफी बोलबाला था और उसी की ध्वनि शुक्ल जी में रह-रहकर सुनाई पड़ती है—शुक्ल जी विदेशी समीक्षा के आलोक में हिन्दी में समीक्षा-पद्धति की नई नींव रख रहे थे, पर साथ ही परम्परागत काव्य-समीक्षा के तत्त्वों का भी यथोचित समावेश करते चलते थे। उदाहरणार्थ, भाव-अनुभाव की चर्चा।

8.1.81

तुलसी की 'भावुकता' के प्रसंग में शुक्ल जी भावुकता की व्याख्या यों करते हैं—कवि की पूर्ण भावुकता इसमें है कि वह प्रत्येक मानव स्थिति में अपने को डालकर उसके अनुरूप अपने भाव का अनुभव करे।" —यही विशेषता हमें शेक्सपियर में दिखाई देती है। इलियट का Depersonalisation का सिद्धान्त यही है।

शुक्ल जी आगे फिर कहते हैं—"पूर्ण भावुक वे ही हैं जो जीवन की प्रत्येक स्थिति के मर्मस्पर्शी अंश का साक्षात्कार कर सकें और उसे श्रोता या पाठक के सम्मुख अपनी शब्द-शक्ति द्वारा प्रस्तुत कर सकें।"

एक आधुनिक समीक्षक 'भावुक' के स्थान पर 'संवेदनशील' इस्तेमाल करेगा।

मनोविकार—इसकी स्थायी प्रतिष्ठा शील निरूपण में। शील अधिक संश्लिष्ट रूप है, अधिक गुम्फित और स्थायी। मनोविकार क्षण स्थायी भी होता है। जब उसमें एक प्रकार की गम्भीरता, बहुगुम्फन और स्थिरता आ जाती है तब वह शील का रूप ले लेता है।

शुक्ल जी के निरूपण का यह मुद्दा मनोविज्ञान के सिद्धान्त और व्यवहार पक्ष पर आधारित है। शुक्ल जी अपने विवेचन में जगह-जगह मनोवैज्ञानिक तथ्यों-सत्यों का इस्तेमाल करते हैं। मनोविकार के लिए एकान्त, तन्मय अनुभूति काफी है—एक सरल विकास; पर शील के लिए परस्पर सम्बन्ध-बोध, घात-प्रतिघात ज़रूरी है।

उसमें ज़्यादा विस्तार भी है और गहराई भी। उसका मुख अन्तर्मुखी नहीं, बहिर्मुखी या लोकमुखी है।

21.1.81

**इतिहास**

पृ. 535-536—शुक्ल जी यहाँ किसानों के शोषण के बारे में बात कर रहे हैं। वे उपन्यासकारों-कहानीकारों को सलाह देते हैं कि वे सिर्फ़ राजनीतिक नारों में ही न पड़े रहें, शोषण की जो वास्तविक स्थिति है, उसका प्रत्यक्ष अनुभव प्राप्त करें। उनका निष्कर्ष है : "साहित्य को राजनीति के ऊपर रहना चाहिए, सदा उसके इशारों पर ही न नाचना चाहिए।" यह सलाह आज भी कितनी प्रासंगिक है, यह विचारणीय है।

30.4.81

**आलोचना की हालत**

1. शुक्ल जी ने जब लिखना शुरू किया तब एक ओर तो उनके पीछे भक्तियुग की क्लासिकल सामग्री थी, दूसरी ओर भारतेन्दु के नवजागरण से उद्भूत ऊर्जा से बनी हुई साहित्य-आकृति और तीसरी ओर आधुनिक युग—गद्य-पद्य-की धारा। शुक्ल जी की समीक्षा इन तीनों कूलों से टकराती इनके बीच बहती अपना पथ निर्धारित करती है।

2. जिस काल में शुक्ल जी की समीक्षा-भूमि का निर्माण हो रहा था, उस समय उनके वर्तमान में था भारतेन्दु का नवजागरण और गद्य-प्रसार का युग और उनकी प्रेरणा की पृष्ठभूमि में था भक्तियुग का काव्य साहित्य। ये दोनों प्रेरणा-भूमियाँ... इनके प्रति संपृक्ति—शुक्ल जी को सहज प्राप्त थी। समीक्षा कर्म से अपने को जोड़ने के कर्म की तैयारी रूप वे संस्कृत साहित्य की शास्त्रीय प्रणाली से भी जुड़े, उसके तत्त्वों का उन्होंने अर्जन किया। शुक्ल जी की रस-सम्बन्धी धारणा उनके इस अर्जन और सहज प्राप्त साहित्यानुभव के मिले-जुले रसायन से निर्मित हुई है। उसमें उनका अपना निज अनुभव भी है और परम्परा से प्राप्त ज्ञान भी।

3. शुक्ल जी के अवतरण के पहले गद्य-युग का धूमधाम से आरम्भ हो चुका था—नाटक, उपन्यास, निबन्ध, जीवन-चरित्र और समीक्षा के क्षेत्र में काम शुरू हो चुका था, किन्तु इस गद्य की प्रकृति भावात्मक ज़्यादा है, विचारात्मक कम।

यह समय प्राचीन और नवीन के मेल का समय था, टक्कर का नहीं। नवीन से पुराने मूल्यों के अस्तित्व को अभी गम्भीर खतरा नहीं उपस्थित हुआ था। पुराना नए को हास्य और उदार व्यंग्य की दृष्टि से देखता था और नए में अभी न तो डंक पैदा हुआ था, न ही उसकी नोकें उभरी थीं। भारतेन्दु और उनके काफी बाद तक—यहाँ तक कि म. प्र.द्वि. के जमाने तक—सन्धिकाल की शीतल कला का ही वर्चस्व था जिसमें आग्रह समन्वय पर होता है, विद्वेष पर नहीं।

1.5.81

4. शुक्ल जी के ठीक पहले म. प्र. द्वि., पद्मसिंह शर्मा और मिश्र बन्धुओं का समीक्षा कर्म था। इस आलोचना के बारे में शुक्ल जी का मत है कि 'यह सब आलोचना अधिकतर बहिरंग बातों तक ही रही। भाषा के गुण, दोष, रस, अलंकार आदि की समीचीनता, इन्हीं सब परम्परागत विषयों तक पहुँची। स्थायी साहित्य में परिगणित होनेवाली आलोचना, जिसमें किसी कवि की अन्तर्वृत्ति का सूक्ष्म व्यवच्छेद होता, उसकी मानसिक प्रवृत्ति की विशेषताएँ दिखाई जाती हैं, बहुत ही कम दिखाई पड़ी।"

शुक्ल जी के समय में भी इस मौलिक स्थिति में कोई परिवर्तन न हुआ था। आधुनिक युग के गद्य-साहित्य के द्वितीय उत्थान का आकलन करते हुए समालोचना के बारे में वे कहते तो जरूर हैं कि तृतीय उत्थान में (शुक्ल जी का अपना समय) उच्चकोटि की समालोचना का प्रारम्भ हुआ, पर तृतीय उत्थान वाले प्रकरण में वे समालोचना का जो इतिवृत्त प्रस्तुत करते हैं, वह समालोचना के उनके आदर्शों पर सन्तोषजनक रूप से पूरा उतरता नहीं प्रतीत होता।

आलोचना के मैदान में शुक्ल जी के समकालीन थे लाला भगवानदीन, अयोध्यासिंह उपाध्याय हरिऔध और पीताम्बर दत्त बड़थ्वाल। इन लोगों ने सूर, तुलसी और कबीर आदि के सम्पादित ग्रंथों के रूप में उनकी विस्तृत आलोचनात्मक भूमिकाएँ लिखीं, जैसे कि स्वयं शुक्ल जी ने सूर, तुलसी, जायसी आदि के ग्रंथों की विस्तृत भूमिकाएँ लिखीं, जो बाद में पुस्तकाकार प्रकाशित भी हुईं। इन भूमिका लेखकों के बाद शुक्ल जी के ही समकालीन वे समालोचक हैं, जिन्होंने हिन्दी आलोचना में 'कलाओं' और 'साधनाओं' का तांता बाँध दिया। इनमें कुछ हैं—कृष्णशंकर शुक्ल, प्रो. सत्येन्द्र, जनार्दन झा द्विज, रामनाथ लाल सुमन, गिरिजादत्त शुक्ल, गिरीश आदि। शुक्ल जी ऐसा मानते हैं कि इनकी आलोचना कवि के बाह्य और आभ्यन्तर दोनों का अच्छा परिचय कराती हैं, लेकिन परिचय-भर ही। इससे

आगे शुक्ल जी के समकालीनों की आलोचना नहीं जाती। बाह्य और आभ्यन्तर की परस्पर क्रिया से उत्पन्न आलोचना-रसायन केवल शुक्ल जी की समीक्षा में ही हमें पहली बार दिखाई देता है। शुक्ल जी की समीक्षा मात्र आलोचना नहीं, मीमांसा भी है—-वह जैसे आलोचना की सतह से ऊपर उठकर साहित्य-दर्शन अथवा काव्य-दर्शन की गरिमा और अर्थभार ग्रहण करती है।

5. यदि शुक्ल जी के ठीक पहले की समीक्षा बाह्य बातों पर केन्द्रित थी तो शुक्ल जी के अपने समय की अधिकांश समीक्षा भाववादी थी।

द्वितीय उत्थान काल में गद्य की भाषा का परिष्कार, विषय और शैली की अनेकरूपता का विकास तो बहुत कुछ म. प्र. द्वि. के प्रयत्नों से हो गया था, पर भाषा का आन्तरिक विस्तार और परिष्कार न हुआ था। डॉ. रा. वि. शर्मा ने म. प्र. द्वि. के गद्य साहित्य को सही ही हिन्दी साहित्य का ज्ञानकांड कहा है। तृतीय उत्थान काल में भाषा का अन्तर्वर्ती विस्तार हुआ—इसमें कारण उपस्थित हुआ अंग्रेजी और बंगला साहित्य के अनुवादों का प्रभाव। द्विवेदीकाल का सूखापन एकाएक रस के आधिक्य से छलछला गया।

द्वितीय काल की आलोचना गुण-दोष वर्णन तक सीमित थी। प्राय: वह जानकारी देने तक सीमित थी। मिश्रबन्धु-विनोद ने यही काम किया। 'आधुनिक शैली की समालोचना के लिए विस्तृत अध्ययन, सूक्ष्म अन्वीक्षण-बुद्धि और मर्म-ग्राहिणी प्रज्ञा अपेक्षित है" —यह चीज न तो द्वितीय उत्थान काल में, न ही तृतीय उत्थान काल में हमें ज़्यादा दिखाई पड़ती हैं।

3.5.81

6. तृतीय उत्थान काल में समालोचना और काव्य-मीमांसा में "गुण-दोष कथन के आगे बढ़कर कवियों की विशेषताओं और उनकी अन्त:प्रवृत्ति की छानबीन की ओर भी ध्यान दिया गया।" इसका मुख्य कारण था कि तब तक यूरोपीय समीक्षा की कुछ प्रवृत्तियों का असर पड़ना शुरू हो गया था। उसी के प्रभाव से निर्णयात्मक और व्याख्यात्मक, दोनों ही प्रकार की आलोचनाएँ होना शुरू हो गई थीं। आलोचना के क्षेत्र में—जैसे कि कविता के क्षेत्र में भी—यूरोप के प्रभाव से एक आन्तरिकता, भाव-विस्तार का एक नया लोक उदित हो गया था; कविता न कोरमकोर विषय प्रधान रह गई थी, न आलोचना बहिरंग के वर्णन तक। भावना, कल्पना, विश्लेषण, आभ्यन्तरगामी वृत्ति का नया स्वर उभरने लगा था। साहित्य के कई रूपों में शुक्ल जी के अनुसार, यह हार्दिकता ज़्यादातर प्रकृत न थी, लाक्षणिक और साम्प्रदायिक

थी। यह आधुनिकता का बिलकुल आरम्भिक चरण था। इस समय आधुनिकता का सबसे अभिव्यक्त रूप छायावाद था।

[शुक्ल जी जिसे नापसन्द करते हैं उसे साम्प्रदायिक, लाक्षणिक और हृदय की स्वाभाविक पद्धति से विरुद्ध बताते हैं।]

साहित्य के अन्य रूपों में तो यह भावुकता और आन्तरिकता चल सकती है, पर विचार-विमर्श के क्षेत्र में उसका होना शुक्ल जी को बहुत खटकता है। शुक्ल जी का यह खटकना बेबुनियाद न था। विचार के क्षेत्र में भावात्मक और कल्पनात्मक होना विचार-शैथिल्य और बुद्धि-आलस्य को निमंत्रण देता है। काव्य-मीमांसा का काम काव्य के स्वरूप को उसके बाह्यान्तर आसंगों में सम्पूर्ण अन्वेषित, उद्घाटित करना है। पर वह यदि ऐसा न करके भाववादी, कल्पनावादी जामा पहन ले तो काव्य-मीमांसा के नाम पर कुछ वैसे ही उद्गार व्यक्त होंगे जिनकी कुछ बानगी शुक्ल जी ने अपने इतिहास में तृतीय उत्थान काल के प्रसंग में दी है।

7. तृतीय उत्थान काल—शुक्ल जी का वर्तमान काल में—यदि एक ओर 'साधनाओं' और 'कलाओं' के लेखक आलोचक थे, जिनके आलोचना कर्म के प्रति शुक्ल जी अपना सन्तोष व्यक्त करते हैं, तो दूसरी ओर वे आलोचक भी थे जिनकी आलोचना शुक्ल जी को अंग्रेज़ी या बंगला साहित्य के प्रभाव में प्रभाववादी और कल्पनावादी प्रतीत होती थी। ऐसे आलोचकों ने छायावाद के बारे में इसी अनर्गल समीक्षा-पद्धति में लिखा। छायावाद जिस अभिव्यंजना के वैचित्र्य को लेकर चला, यह समीक्षा पद्धति भी उसी के समानान्तर प्रभाववादी फैशन में चली—यूरोप और बंगाल के प्रभाव में। ऐसी समीक्षा में प्राय: भाषा स्वयं विचार में बाधक बन जाती है। आलोचना में भाषा का काम विचार के सम्प्रेषण में मदंद करना है। जब ऐसा नहीं होता तो विचार असम्प्रेष्य हो जाते हैं। यह तो हुआ भाषा-क्रीड़ा का अंजाम।

हर चीज़ की तरह शुक्ल जी एक प्रकृत समीक्षा भी मानते हैं जो विषय के गहन अध्ययन, मनन और उसके सूक्ष्म व्यवच्छेद से सम्पन्न होती है।

यह प्रकृत समीक्षा पुराने टीकाकारों की अर्थ-क्रीड़ा और आधुनिकों की भाषा-क्रीड़ा से भिन्न है। शुक्ल जी के समय में इस तरह के अर्थक्रीड़क, समालोचक—तुलसीदास की चौपाइयों के बीस अर्थ करनेवाले और 'बिहारी सतसई' का शान्तपरक अर्थ करनेवाले—भी रहे होंगे। ऐसे आलोचकों की कमी भी न होगी जो शृंगारपरक कविता का आध्यात्मिक अर्थ निकालते रहे होंगे। (हमारे विश्वविद्यालयों में यह परम्परा अभी भी जारी है : प्रसाद, महादेवी के काव्य का आध्यात्मिक अर्थ छात्रों को बतानेवालों की कमी नहीं।)

8. 'आधुनिकता' को लोग हमेशा से पश्चिमी प्रभाव से जोड़ते आए हैं। शुक्ल

जी भी वैसा ही करते हैं। तृतीय उत्थान काल में यदि एक ओर प्राचीन और नवीन का मिलन है तो दूसरी ओर ऐसे एकांगी लेखक भी हैं जो पश्चिम के मतवाद से प्रभावित हैं—ऐसे लोग आधुनिक हैं—या अपने को कहते हैं।

9. आधुनिकता के आरोपण के साथ एक और चीज़ से शुक्ल जी को एतराज है—वह है यूरोप का साम्यवादी सिद्धान्त। शुक्ल जी ऐसा मानते-से लगते हैं कि यह सिद्धान्त हमारे साहित्य के स्वाभाविक विकास में बाधक है।

10. शुक्ल जी के समय समालोचना की भाषा—उसी 'आधुनिकता' के प्रभाव में—भी प्रभाववादी किस्म की थी। इसे शुक्ल जी भद्दापन मानते हैं। भद्दापन शुक्ल जी की दृष्टि में सबसे बड़ा दोष है। यह रुचि और मूल्य, दोनों को ही व्यंजित करनेवाला शब्द है। जब शुक्ल जी किसी चीज को भद्दा बताते हैं तो उसे एक तरह से रुचि-स्खलित, संस्कार-भ्रष्ट ही बताते हैं। साथ ही 'भद्देपन' में वे बुद्धि विरोध और मानसिक आलस्य भी देखते हैं। अगर कोई लेखक अपनी समालोचना में यह लिखे कि "अहा! हा!, वाह! वाह!" तो शुक्ल जी उसे झट भद्दा बताएँगे।

ज़ो विवेक-च्युत हो, संस्कारशील न हो, 'बैलेंस्ड' न हो, स्वाभाविक और प्रकृत न हो वह शुक्ल जी की दृष्टि में भद्दा है। यह भद्दापन पुरानी परिपाटी की समीक्षा में भी शुक्ल जी दिखाते हैं और नई परिपाटी की समसामयिक समीक्षा में भी।

17.5.81

11. शुक्ल जी के पहले समीक्षा कविता-केन्द्रित थी—काव्य के गुण-दोष तक। शुक्ल जी ने सम्भवत: पहली बार कवि को साहित्य समीक्षा का केन्द्र बनाया, कविता के रचयिता कवि की अन्त:वृत्ति की पड़ताल की जहाँ से कविता सम्भव होती है।

इस तरह शुक्ल जी की समीक्षा में पहली पाश्चात्य समीक्षा के आदर्श का योगदान हुआ।

27.5.81

12. तीन शब्द शुक्ल जी के लेख में अक्सर आते हैं—भद्दा, बेधड़क, ठीक-ठाक। ये शुक्ल जी के स्वभाव को भी व्यक्त करते हैं, उनकी मूल्य दृष्टि को भी। इन पर गहराई से विचार करना है।

27.5.81

शुक्ल जी काव्य समीक्षा में 'कला', 'सौन्दर्य' और 'अध्यात्म' प्रत्ययों के प्रयोग की प्रवृत्ति के प्रति हमें बार-बार सावधान करते हैं। 'कला' और 'सौन्दर्य' में उन्हें बेल-बूटे की नक्काशीवाली कला-प्रवृत्ति की भनक मिलती है, जो यूरोप के कलावाद और अभिव्यंजनावाद की देन है। 'अध्यात्म' का सीधा ताल्लुक रहस्यवाद से है। अध्यात्म की स्थिति बुद्धि-विरोध से भी है। 'बुद्धि भाव का शत्रु है' इस पश्चिमी धारणा का शुक्ल जी डटकर विरोध करते हैं। रहस्यवाद-छायावाद और अध्यात्म की आड़ में छिपे बुद्धि-विरोध पर वे प्रहार करते हैं। प्रस्तुत की जगह अप्रस्तुत पर जोर, वस्तु-बोध के बजाय लाक्षणिकता पर बल के पीछे वही बुद्धि विरोध—तथ्य का संकलन, नियोजन करनेवाली बुद्धि का विरोध—छिपा हुआ है। बेल-बूटेवाली कला को वे एकांगी मानते हैं, चमत्कारवादी, जीवऩ के वास्तविक मर्म की अभिव्यक्ति करनेवाली नहीं। जीवन के बहुविधि प्रसंगों में तथ्यपरक वस्तुबोध से युक्त समग्र भाव-सामग्री के संचयन में शुक्ल जी का विश्वास है, इसलिए वे मुक्तक और लिरिक काव्य-प्रवृत्ति के बजाय प्रबन्धात्मकता को अधिक श्रेयस्कर मानते हैं।

29.5.81

शुक्ल जी के पहले के समीक्षक साहित्य के मर्म का प्रमाण साहित्यशास्त्र में देखते थे, उसी के रीति-नियम के प्रकाश में साहित्य का मनन, परख, विश्लेषण करते थे, अत: वे साहित्य के केवल बाह्यपक्ष का उद्घाटन कर पाते थे, बोध के स्तर पर केवल उसका अर्थ ग्रहण करवा पाते थे। शुक्ल जी ने पहली बार भाव या मनोविकार को साहित्य मर्म का मूल माना, उसे साहित्य-चिन्तन और साहित्य-विवेचन के केन्द्र में रखा। उन्होंने साहित्य के भीतर जाकर उसका उद्घाटन किया और इसलिए उसे ज़्यादा आत्मीय, ठोस, हृद्य और ग्राह्य बनाया। वे साहित्य की हर वृत्ति को मनुष्य के किसी-न-किसी मूल भाव या वासना के साथ जोड़कर देखते हैं और इस तरह साहित्य-मर्म की पूरी गहराई को मापते हैं। फिर भाव-प्रसार को अनिवार्यत: ज्ञान-प्रसार—ज्ञानेन्द्रियों द्वारा प्राप्त ज्ञान के बढ़ते दायरे—से जोड़कर उस गहराई को ठोस विचार से आलोकित कर देते हैं। इस प्रकार उनके विश्लेषण में भाव और ज्ञान, हृदय और बुद्धि, भावना और विचार की एक संश्लिष्टता उभरती है, जो उनके पहले प्राय: अनुपलब्ध थी।

इसका एक कारण यह भी है कि शुक्ल जी ने भारतीय साहित्यशास्त्र के साथ-

साथ यूरोप के साहित्य-ज्ञान के प्रति भी अपनी संवेदना और विचार की खिड़कियाँ खुली रखीं।

7.12.81

**सन्दर्भ**

1. किसान और भारतीयता
2. छन्द
3. आधुनिकतावाद—उसका प्रतिरोध
4. शुक्ल जी का साक्ष्य
5. मुक्तिबोध का आत्मसंघर्ष
6. केदार, त्रिलोचन, नागार्जुन

शुक्ल जी ने जिस दृष्टि से अपने समय में छायावाद-रहस्यवाद को देखा था, (वह दृष्टि एक ठेठ देसी दृष्टि थी, पर किसानी दृष्टि नहीं, एक सामान्य आदमी की दृष्टि) उसी दृष्टि से आज के कुछ लोग आधुनिकता और नई कविता को देख रहे हैं (उनकी दृष्टि में भावात्मक रूप से किसान पर जोर है और विचारात्मक रूप से मार्क्सवाद पर जोर है)। शुक्ल जी से भी कहीं भूल हो गई थी, और आज के ये लोग भी वही जल्दबाजी कर रहे हैं। मुक्तिबोध भी मार्क्सवादी थे, पर उन्होंने आधुनिकता के वैचारिक-वैज्ञानिक और नई कविता के भावात्मक पक्ष का बहिष्कार नहीं किया। ये लोग आज मुक्तिबोध पर उतना जोर नहीं दे रहे (क्यों?) बल्कि केदार, त्रिलोचन, नागार्जुन पर जोर दे रहे हैं, अपने पक्ष में उन्हें सामने ला रहे हैं। यदि अपने समय को पूरी तरह समझने में शुक्ल जी की दृष्टि अपर्याप्त थी तो इनकी भी है।

शुक्ल जी में कहाँ, किस बिन्दु पर कमी रह गई थी? उनकी दृष्टि भी भारतीय क्लासिकी थी, मध्ययुग के भक्ति साहित्य में उन्हें अपने युग के सामान्य आदमी का आदर्श रूप मिला था, वह आदमी क्रोध और करुणा (जिसका उदात्त रूप राम है) से पूर्ण था, आदर्श और यथार्थ का संगम, धरती और आकाश का संपुजन। ये लोग भी अपनी दृष्टि को—भारतीय मनुष्य के संघर्ष रूप को—भक्तियुगीन संतों की दृष्टि से ही जोड़ते हैं, जो मूलतः जनवादी दृष्टि थी (कबीर, तुलसी आदि)। पर इस दृष्टि से क्या आज के सामान्य मनुष्य का आकलन यथार्थपूर्ण होगा? क्या सामान्य आदमी, जो सदियों से चला आ रहा है, इस टेक्नोलॉजी के युग में भी वैसा-का-वैसा ही है? शुक्ल जी के सामान्य आदमी के आदर्श और सामान्य आदमी के यथार्थ में फर्क है। शुक्ल जी ने इस आदर्श से ही छायावाद युगीन मनुष्य को आँकने की भूल

की थी, कुछ वैसी ही भूल ये आज के लोग भी कर रहे हैं : वे सदियों से चले आ रहे सामान्य देसी मनुष्य को आज का मनुष्य समझ रहे हैं। यह समझ रहे हैं कि वह आदमी आज भी अक्षत, सम्पूर्ण, अखंड है, अब भी किसान है। विज्ञान और टेक्नोलॉजी ने जो बुनियादी परिवर्तन उसमें ला दिए हैं—उसकी आत्मा और स्वरूप में—उसे अनदेखा कर रहे हैं।

क्या देसीपन का नारा एक नए रोमांटिक आदर्शवाद का नारा है? शुक्ल जी क्लासिकी दृष्टि में आस्था रखते हुए भी स्वच्छन्दतावादी समीक्षक कहे गए हैं, ठेठ भारतीय दृष्टि के कठोर यथार्थ की पकड़ रखते हुए भी। आधुनिकता और विज्ञान के कारनामों (उनके अँधेरे पक्ष ही सही) की दरगुजर करना नए आलोचकों का नया आदर्शवादी स्वच्छन्दतावाद ही है। पूरे भारत के आदमी को किसान (पुराने ढंग का किसान, भोला-भाला किन्तु चालाक वगैरह) मान लेने में एक धोखादेह सरलता छिपी हुई है। यह किसान अब बेदखल हो रहा है। शायद यह किसान शुक्ल जी के समय में ही ख़त्म हो रहा था। तभी उनकी साहित्य-चिन्तना के केन्द्र में एक मामूली गृहस्थ है, खेत जोतनेवाला किसान नहीं। इस किसान की आत्मा के क्रमिक ह्रास—उन चीज़ों के ह्रास का, जिनसे एक किसान की आत्मा बनती है, उसके खेत, उसके पशु, उसकी फसल—का दृश्य हमें प्रेमचन्द में दिखाई देता है। 'गोदान' उस आत्मा के शोक का महाकाव्य है।

नागार्जुन सम्मान गोष्ठी में डॉ. विश्वनाथ त्रिपाठी ने अनजाने में ही एक महत्त्वपूर्ण बात कही थी कि बिना राष्ट्रीयता के अन्तरराष्ट्रीयता पूरी नहीं होती और बिना अन्तरराष्ट्रीयता के राष्ट्रीयता पूरी नहीं होती। यही बात भारतीयता और आधुनिकता के रिश्तों के बारे में समझनी चाहिए।

जो लोग इस बात को नहीं देख रहे हैं, वे आलोचना के विवेक-धर्म पर नहीं चल रहे हैं, उनकी दृष्टि मत-परिवर्तन (Proselytizing) पर है।

शुक्ल जी संवेदन के स्तर पर सामन्ती भाववाद पर ही जोर देते हैं, पर बौद्धिक स्तर पर पूँजीवादी विज्ञानवाद की तरफ आकर्षित। वे सामन्तयुगीन जीवन मूल्यों, स्थिर, अटल मूल्यों के हिमायती लगते हैं, उनकी प्रशंसा करते हैं—उनका शीलकर्म, मर्यादा, पर जोर—और दूसरी तरफ़ बुद्धिवाद का, जो कि तत्कालीन आरम्भिक पूँजीवाद से ही पैदा हुआ था, का समर्थन करते हैं। पर फिर पूँजीवाद के विकसित रूप व्यक्तिवाद का वे समर्थन नहीं करते। उस वक्त तक पूँजीवाद बढ़ा हुआ था भी नहीं, शायद इसीलिए वे छायावाद को व्यक्तिवाद का चरम रूप मानकर उसका विरोध करते हैं।

# टिप्पणियाँ-2

**रस-मीमांसा***

काव्य के विभाग—आनन्द की साधनावस्था = प्रयत्न पक्ष
आनन्द की सिद्धावस्था = उपभोग पक्ष

सिद्धावस्था काव्य की प्रशान्त, निर्विघ्न और अबाध भूमि है। "काव्य की इस भोगभूमि में दु:खात्मक भावों को बेधड़क चले आने की इजाजत नहीं। आने के पहले उन्हें प्रेम का पूरा शासन स्वीकार करना पड़ता है और बहुत दबाकर आना पड़ता है।"

(साधनावस्था = कर्मभूमि; सिद्धावस्था = भोगभूमि)

काव्य की भोगभूमि का प्रवर्तक बीज भाव है—प्रेम। रंजन; पालन इसकी मुख्य वृत्ति। काव्य की साधनावस्था या कर्मभूमि का बीज-भाव है—करुणा और उसकी मुख्य वृत्ति है—लोकरक्षा।

(काव्य के इन्हीं दो विभाजनों को आजकल की समीक्षा में प्रबन्धात्मक और गीत्यात्मक कहा जाता है। देखें—'कविता के नए प्रतिमान')

प्रयत्न पक्ष में विरुद्धों का सामंजस्य—कर्मक्षेत्र का सौन्दर्य—होता है। भीषणता और सरसता, कोमलता और कठोरता, कटुता और मधुरता, प्रचंडता और मृदुता का सामंजस्य लोकधर्म का सौन्दर्य हैं।

प्रयत्न की गति में सुन्दरता रहती है, चाहे वह आगे चलकर सफल हो या विफल। विफलता में भी एक निराला ही विषण्ण सौन्दर्य होता है।

एक विभाजन और :

रूप-सौन्दर्य और कर्म-सौन्दर्य = धीरोदात्त नायक।

करुणा—निर्विशेष और व्यापक भाव; प्रेम—विशेष और परिमित भाव।
विशेष के प्रति भाव।

---

* इन टिप्पणियों पर किसी तिथि का उल्लेख नहीं है, पर अनुमानत: ये 1976-77 की प्रतीत होती हैं।

शुक्ल जी के प्रयत्न-पक्ष में एक टकराहट है, एक गति है, एक द्वंद्व है। यह द्वंद्व और टकराहट शुभ और अशुभ के बीच है और इससे उत्पन्न होनेवाला सौन्दर्य कर्मक्षेत्र का सौन्दर्य है और इस सौन्दर्य की गति स्थिर नहीं गत्यात्मक है। इसमें भावों का रूप सिर्फ़ कोमल, मधुर, शान्त नहीं है, उसकी छवि केवल रूप की दीप्ति, मधुरता और कोमलता तक ही सीमित नहीं है, उसमें एक प्रचंडता है। उसमें एक शान्त समवाय नहीं, क्रुद्ध सामंजस्य है। प्रयत्न-पक्ष की कविता का केन्द्र सिर्फ़ व्यक्ति-मन की एकतान, एकात्म स्थिति में नहीं है, बल्कि उसके बाहर के समविषम ताने-बाने से बुने हुए संघर्षमय भाव-जाल में है। उसमें भाव-व्यापार की विविधता है, असमानता है, ऊबड़-खाबड़पन है, एक बाह्योन्मुख संघर्ष-चेतना है। एक उदग्र बेचैनी, एक कशमकश; स्थिर लयात्मकता नहीं। कुछ पाने की व्यग्रता; पा लेने पर अपने आप में तन्मय—डूब जाने की तन्द्रा नहीं। कर्मयोग नहीं।

कर्म सौन्दर्य की ओर प्रवृत्त करनेवाले दो भाव—करुणा और प्रेम। ये दोनों भाव सत्वगुणी हैं। सत् इनके मूल में है। सत् के दो अर्थ हैं : 'जो वास्तव में हो' तथा 'अच्छा या शुभ'। अस्तित्ववादी और नैतिकतावादी, दोनों मूल्य इस 'सत्' शब्द में निहित हैं। रजोगुण और तमोगुण, दोनों इस सतोगुण के इशारे पर चलते हैं। कर्म सौन्दर्यवाली कला में। "सत्व गुण के इस शासन में कठोरता, उग्रता और प्रचंडता भी सात्विक तेज के रूप में भासित होगी।" 'वज्रादपि कठोर कुसुमादपि मृदु' (प्रेम-कविता के सम्बन्ध में यह उक्ति मननीय)—यह है पूर्ण सौन्दर्य का निर्देशन करनेवाली कला का स्वरूप।

प्रेम परिमित है क्योंकि वह निर्विघ्न दशा में ही सम्भव है। विघ्न और बाधा की दशा में प्रेम काम करता नहीं दिखाई देता, बल्कि एक ओर करुणा (पैसिव) और दूसरी ओर क्रोध (ऐक्टिव) का उदय देखा जाता है।

'काव्य की भोगभूमि'। यह रंजन के लिए है। असामान्य शोभा, दीप्ति, प्राचुर्य, प्रफुल्लता, कोमलता, सौकुमार्य आदि द्वारा अद्भुत या अलौकिक रंजन की योजना की जाती है। मन और इन्द्रियों के सुखद विषय ही भोगभूमि में लिये जाते हैं। असामान्यता और चमत्कार— 'सजावट की रुचि'—यही असामान्यता लोकोत्तरवाद तक ले जाती है—'आध्यात्मिक' क्षेत्र में। —(अनुभव की भूख आत्मा की भूख है—रवीन्द्रनाथ)

यह प्रवृत्ति यदि विभाव-पक्ष में चमक-दमक और सजावट तो भाव-पक्ष में अनुभूति और वैचित्र्यपूर्ण व्यंजना-काव्य में कलावाद की तरफ़ ले जाती है।

आज का परिदृश्य 'उपभोग'-मय हो रहा है—

राजनीतिक स्तर पर 'उपलब्धि के वर्ष' [A decade of achievement;

'Gains of Emergency'] की सारी शब्दावली पुकार-पुकारकर कह रही है कि हमने चौतरफा बहुत उपलब्धियाँ हासिल कीं—आर्थिक, सामाजिक, शैक्षिक सभी स्तरों पर। 'अनुशासन' ने उत्पादकता को बढ़ाया है, मूल्य स्फीति रोक लिया गया है और चीज़ों के दाम स्थिर हो गए हैं। इसे प्रमाणित करने के लिए आँकड़े उछाले जा रहे हैं। जन-संचार माध्यम—सरकारी माध्यम और सरकार के कठोर अंकुश में चलनेवाले गैर सरकारी संचार माध्यम—सब एक स्वर से कह रहे हैं कि स्थिति बेहतर है, गहन संकट का काल टल चुका, भविष्य उज्ज्वल और शानदार है। आपातकाल की उपलब्धियों के हवाले से एक ओर आपात्कालीन व्यवस्था को लागू रखने का तर्क दिया जा रहा है तो दूसरी ओर निर्वाचन को टाला जा रहा है। साहित्यिक पत्रिकाओं के पृष्ठ ये बताने में लगे हैं कि 'साहित्य में सन्नाटा' नहीं है—एक के बाद दूसरे शहर यही सिद्ध करने में लगे हैं। सन्नाटा आखिर हो भी क्यों, औसत रचनाओं का शोर-संगीत तो अटूट रूप से चल ही रहा है, चाहे वह कविता का क्षेत्र हो या कथा का या नाटक और आलोचना का।

ऐसे में कला की बारीक कतरन और सूक्ष्मातिसूक्ष्म सम्वेदना की कलात्मक हरकतें उस उपभोग पक्ष को ही रेखांकित करती हैं। क्योंकि यह कला-चेष्टा चीजों को सजाकर, सँवारकर रखने के पक्ष पर बल देती है तो यह मानकर कि कला अपनी बुनियादी जरूरत—जन-चेतना में हिस्सेदारी—पूरा कर चुकी है, मूल्यों के परीक्षण, अनुवीक्षण, अन्वेषण का क्रम पूरा हो चुका है और अब महल के ऊपर कंगूरे रचने और नक्काशी करने की फुरसत का समय आ गया है। मानव-अस्तित्व के आधारों को पुनः परिभाषित करने, मानव-सम्बन्ध को युगानुरूप नया सन्दर्भ रचने और इस क्रम में यथार्थ का अधिकाधिक साक्षात्कार करने की आवश्यकता अब जैसे एक सतही 'सब कुछ ठीक है' की कामचलाऊ नैतिकता में खो गई है। खतरनाक प्रश्न पूछने का क्रम थम गया है, बल्कि अब उन सवालों को लेकर आराम से मसखरेबाजी करने का रवैया—उन सवालों से टकराने की कोशिश को एक असम्प्रेषणीय मानव-कर्म, अतः व्यर्थ कर्म मानकर उन्हें टरकाने का रवैया—आम होता जा रहा है।

ऐसा उस सुविधाभोगी वर्ग में हो रहा है जो विश्वविद्यालय की कुर्सियों पर है, प्रशासनिक सेवाओं में है, साहित्य-कला-संस्थानों में है, हर उस जगह है जहाँ कला का मूल्य वसूला जा सकता है। जहाँ कला से खाने-पीने और ओढ़ने-बिछाने का काम लिया जाता है। ऐसी ही जगहों पर सन्तुष्टि है, सवालों से बचाव है, उपभोग पर बल है।

इस परिप्रेक्ष्य में अशोक वाजपेयी के ये शब्द कितने अर्थवान हो उठते हैं :

"पहले के मुकाबले शायद अब ऐसे नागरिक अधिक हैं—जिनके लिए उनका समय सिर्फ़ राजनैतिक गतिविधियों, राजनेताओं और आर्थिक उथल-पुथल का नहीं है बल्कि वह ऐसा समय है जिसमें कुमार गन्धर्व गाते हैं, उस्ताद अली अकबर सरोद बजाते हैं, यामिनी कृष्णमूर्ति 'अन्तरिक्ष को संक्षिप्त अनन्त में ढालते हुए' नाचती हैं, सत्यदेव दुबे या हबीब तनवीर नाट्य करते हैं, डी. जे. जोशी और रुद्र हांजी कलाकृतियाँ बनाते हैं और शमशेर, त्रिलोचन और श्रीकान्त वर्मा कविताएँ करते हैं।...बात मध्यप्रदेश कला परिषद्, भोपाल के उत्सव 73 से उत्सव 75 की उपलब्धियों का जायजा लेते हुए कही गई है। उसकी पड़ताल :

1. 'पहले के मुकाबले...अब'। क्या पहले ऐसे 'बैठे-ठाले का आनन्द' लेनेवाले सुधीजन न थे?
2. अब ऐसा समय आ गया है—यानी पहले नहीं था, क्योंकि 'अब' के पहले अराजकता थी, सिनिसिज्म था, राजनीति थी, आर्थिक हायतौबा थी-अब यह सब नहीं है, या कम है और लोग अब बेहतर स्थिति में हैं कि कलाओं का स्वाद चख सकें।
3. कलाओं का स्वाद लेने की जो शैली, जिस भाषा में बयान की गई है वह मंगलेश डबराल के शब्दों में "क्या मसनद से उठँग कर आँख मूँदकर कला से आनन्दित होने की" शैली नहीं है।
4. वाक्य के अन्त में यह अवश्य जोड़ दिया गया है कि कला-व्यापार हमारे जीने को समृद्ध करने के साथ-साथ जीवन संघर्ष में अधिक उत्साह और शक्ति से लगने की प्रेरणा देता है।

अशोक वाजपेयी प्रकारान्तर से रसास्वाद की प्रक्रिया के सुलभ माहौल की बात कर रहे हैं यानी वे एक ऐसे समय की बात कर रहे हैं जिसमें रसास्वादन अधिक सुलभ हो गया है, कला से आनन्दित होने की सम्भावनाएँ और अवसर ज़्यादा बढ़ गए हैं। एक ऐसा समय आ गया है जिसमें विविध कलाएँ फल-फूल रही हैं क्योंकि उनके आनन्द देनेवाले गुण के ग्राहक अब अधिक हैं। यदि पहले कला को 'लोकोत्तर' या 'अनिर्वचनीय' विशेषण से अभिहित कर उसकी महत्ता प्रतिपादित की जाती थी, तो अब उसके अधिक-से-अधिक जनसमुदाय को आनन्दित करने की बात की जाती है। यहाँ प्रश्न यह नहीं है कि कला के कर्म और प्रभाव को 'आनन्द' शब्द व्यक्त कर पाता है या नहीं, प्रश्न यह है कि कला को आनन्द की वस्तु मानकर चलने में क्या हम कला के उपभोग पक्ष पर बल नहीं दे रहे हैं? शायद इसी स्थिति को महसूस कर शुक्ल जी को लगा था कि 'आनन्द' कला के रसास्वादन की प्रक्रिया को व्यक्त करने के लिए ठीक शब्द नहीं है। वे कहते हैं,

"इस 'आनन्द' शब्द ने काव्य के महत्त्व को बहुत कुछ कम कर दिया है—उसे नाच-तमाशे की तरह बना दिया है।" अशोक वाजपेयी कला कर्म की जो भव्य तस्वीर पेश कर रहे हैं उसमें लगता है, कला किसी संघर्ष के अनुभव से प्राप्त होनेवाली वस्तु नहीं बल्कि 'नाच-तमाशे' की वस्तु-सी सुलभ है। कला जैसे सिर्फ़ रंजन करने के लिए है। अशोक वाजपेयी का वह समय एक ऐसा स्वर्ण युग है जब कला अधिक-से-अधिक लोगों का रंजन कर रही होगी।

"यदि कवि ने ऐसी वस्तुओं और व्यापारों को शब्दचित्र द्वारा सामने उपस्थित कर दिया जिनसे श्रोता या पाठक के भाव जाग्रत होते हैं, तो वह एक प्रकार से अपना काम कर चुका।" इसी वाक्य के आगे—"संसार की प्रत्येक भाषा में इस प्रकार के काव्य वर्तमान हैं जिनमें भावों को प्रदर्शित करनेवाले पात्र, अर्थात् 'आश्रय' की योजना नहीं की गई है, केवल ऐसी वस्तुएँ और व्यापार सामने रख दिए गए हैं जिनसे श्रोता या पाठक ही भाव का अनुभव करते हैं।" (रेखांकन मेरा)

यह बात बोलेगी, हम नहीं वाली ही बात है। शुक्ल जी की यह काव्य-दृष्टि कितनी आधुनिक है! काव्य के विभावन सम्बन्धी विवेचन में वे बार-बार 'वस्तु व्यापार के प्रत्यक्ष परिचय', 'रूप' के पूर्ण और स्पष्ट स्फुरण', 'विभाव वस्तु-चित्रमय होता है', 'वस्तु (Matter) और व्यापार (Action) का संश्लिष्ट रूप' प्रत्ययों का प्रयोग करते हैं। वे कवि कल्पना का मुख्य काम पदार्थों का रूप संघटित करने, प्राकृतिक व्यापारों को प्रत्यक्ष करने और दृश्य खंड के ब्योरे पूरे करने को मानते हैं; कौतुक खड़ा करना, उद्दीपन की सामग्री जुटाना, रंजन करना नहीं। वे वस्तु-विन्यास, वस्तु को प्रत्यक्ष करना उसे पूर्ण ब्योरेवार चित्रित करना, इन बातों पर जोर देते हैं, सजावट-बनावट पर नहीं। सजावट उन्हें उतने तक ही मान्य है जिस हद तक वे मुख्य काम के मकसद को उसका एक सहायक अंग बनकर पूरा करती है। वे वस्तुओं को [सटीक] सामने लाने के पक्ष में हैं, उन भावों को नहीं जो स्वतंत्र हैं और सिर्फ़ कवि के मन में उपजते हैं—इसे वे आरोपण मानते हैं। आरोपित कल्पना—कल्पना द्वारा आरोपित; स्वत: उसका अंगीभूत उपादान नहीं। उद्दीपन और अलंकार और सजावट सिर्फ़ इसलिए कि वह भावों को ठीक-ठीक अनुभव कराने में सहारा दे। असल अनुभव—भावों का विभावन—तो वस्तु चित्रण द्वारा ही होना चाहिए।

शुक्ल जी अपनी इस मान्यता द्वारा अनुभववाद, अनुभूतिवाद और तमाम Empiricism का प्रत्याख्यान कर देते हैं। अनुभववाद वस्तुओं पर पर्दा डालता है, उनके सम्बन्धों के ठीक-ठाक अनुपात और विवेक को धुंधला करता है, गड़बड़ाता है और इससे सचाई की तस्वीर बिगड़ती है, यथार्थ जो ठोस और पक्का होना

चाहिए, खामख्वाह के लिए भुरभुरा और फिसलाऊ होता है—और वर्तमान यथार्थ के सम्बन्ध में देखें तो—भयानक और आतंककारी लगने के बजाय सुन्दर और दिलफरेब लगने लग सकता है, याने 'साहित्यिक' लगने लग सकता है। वस्तु-व्यापार पर अत्यधिक जोर देकर एक ओर तो शुक्ल जी भारतीय क्लासिक परम्परा से जुड़ जाते हैं, दूसरी ओर वे अनुभववादी फिसलन के खतरे से भी आगाह करते हैं। शुक्ल जी के क्लासिकवाद में भारतीय जीवन के उन रूपों से प्रेम का बीज है जो संस्कार से दृढ़ और भावुक, उदार और कर्मठ, सौन्दर्यप्रेमी और कर्तव्यपरायण, आस्थावान और सम्वेदनशील है।

प्रस्तावित लेख का शीर्षक—

'रामचन्द्र शुक्ल : एक भारतीय आत्मा'

शुक्ल जी की मनीषा-चिन्ता के मूल में है, मनुष्य की सामान्य स्थिति की रक्षा। शुक्ल जी की दृष्टि में मनुष्य का आधार-रूप यह मनुष्य की सामान्य स्थिति ही है, कोइ विलक्षणता नहीं। शुक्ल जी मनुष्य की इस सामान्य स्थिति को कभी 'धर्म' के रूप में, कभी 'शील' के रूप में तो कभी 'लोकमंगल' के रूप में विवेचित/व्याख्यायित/स्थापित करते हैं।

...शुक्ल जी का मनुष्य अपने अन्तस्थल में एक चरित्रवान, कर्मनिष्ठ, धर्मपरायण और जीवन के उच्च मूल्यों की हिमायत करनेवाला मनुष्य है, पर वर्तमान जगत् की विसंगतियों, मूल्य-विपर्यय और अव्यवस्था, पाखंड, झूठ आदि से आँख मूँदे हुए नहीं है। वह इन अँधेरे पक्षों को देखता है, उन पर व्यंग्य करता है, उनकी चुटकी लेता है, पर कुल मिलाकर उसका झुकाव जीवन के सदाचार पक्ष, आदर्श और उच्च धरातल तक पहुँचने की ओर ही है। वह मनुष्य एक सादा-लौ इन्सान है, भोंदू नहीं, पर है वह सादा-लौ, सात्विक और कर्मशील, आनन्द में आस्था रखनेवाला निष्ठावान व्यक्ति।

मनुष्य की यह मूलभूत स्थिति शुक्ल जी का जीवन-दर्शन नहीं बल्कि उनका साहित्य दर्शन भी है। यह बात आकस्मिक नहीं है कि शुक्ल जी 'कला-कुशल' व्यक्ति (कलाकार कवि आदि) और 'सदाचारी' को लगभग एक ही धरातल पर लेते हैं। (चिन्तामणि-1) श्रद्धा-भक्तिवाले लेख में वे कला-कुशल व्यक्ति को सदाचारी व्यक्ति का लगभग समानार्थी ही समझते-समझाते हैं। —इसी तरह 'मार्मिकता' (सरस हृदयता, जो काव्य का गुण है) और 'धर्मभाव', 'सात्विक आचरण' और 'प्रतिभा की कला' के काम हैं जो हमारा ध्यान खींचते हैं और यह अकारण नहीं है।

...शुक्ल जी ने अपने समय को भरपूर जिया था—वह समय जिसमें सामन्तयुगीन मूल्य और उससे निर्धारित रुचियाँ और संस्कार थे : धर्म में आस्था और मानव

कल्याण में विश्वास। इस समय में लोग विधा व्यसनी, कलानुरागी थे, सच्चे अर्थों में, आज के नौदौलतिया अन्दाज में नहीं।

अपने समय को भरपूर, पूरी संपृक्ति के साथ जीने की आकांक्षा उनकी भाषा में बोलती है। भाषा में संपृक्ति है, मुहावरा है, ठोसपन है। प्रत्यय जो आते हैं वे एक निश्चित अर्थ-क्रम लिये हुए, एक स्पष्टता और पकड़ लिये हुए। एक देशीपन सर्वत्र है और यह देशीपन अपने समय के साथ-अपने समय के देश के साथ होने का सबूत है।

उस जमाने में शिक्षा का प्रसार, नए ज्ञान-विज्ञान का उदय, मध्यवर्गीय जाग्रत समाज को खींचता था, पर उसे जड़ों से उच्छिन्न नहीं कर देता था। उसके सामने एक ओर पश्चिम का नया ज्ञान था, दूसरी ओर अपनी विपुल संस्कृत परम्परा का शास्त्रीय भंडार। अपने विद्यानुरागी स्वभाव (कर्म की निष्ठा; शिक्षक है तो शिक्षक का कर्म, आलोचक है तो आलोचक का कर्म, व्याख्याकार है तो व्याख्याकार का कर्म, कवि है तो कवि का कर्म) के कारण वह दोनों का लाभ उठाता था।

रामचन्द्र शुक्ल उस जमाने के ऐसे ही मध्यवर्गीय युवक थे।

विद्वान; कर्मवीर; तत्त्वान्वेषक।

'करुणा' में शुक्ल जी 'विश्वात्मा' की बात करते हैं—ईश्वर के रूप (Manifestation) में। इससे शुक्ल जी की आस्तिक दृष्टि का संकेत मिलता है।

...मनोविकारों—जैसे लोभ, श्रद्धा, लज्जा, करुणा, उत्साह, प्रेम, भक्ति, क्रोध आदि—का विश्लेषण कर जैसे शुक्ल जी साहित्य-रचना के मूल आधारों को गहराई और मजबूती से समझना चाहते हैं। इन भावों का विश्लेषण शुक्ल जी ने किसी मनोवैज्ञानिक गुत्थी को समझने, सुलझाने के लिए नहीं किया, बल्कि ये सब मानो एक व्यापक जीवन-दर्शन को रेखांकित करने वाले अलग-अलग सोपान और सरणियाँ हैं—जीवन के प्रति एक समग्र दृष्टि के अवयव और घटक।

जैसे शुक्ल जी यह दिखाना चाहते हों—उनके मन में यह बात हो—कि साहित्य के मर्म को, उसके सौन्दर्य और उसकी शक्ति को तब तक नहीं हृदयंगम किया जा सकता जब तक कि मानव-मन और मानव-हृदय की अच्छी तरह जाँच-पड़ताल न हो जाए, उस मन के आधारभूत साँचे का ज्ञान न हो जाए, उस हृदय की गति की दिशा-धारा पकड़ में न आ जाए। ये सब भाव और मनोविकार ही रूप बदल-बदलकर साहित्य का निर्माण करते हैं। इन भावों और मनोविकारों में ही मनुष्य की असलियत, उसकी सत्ता, उसका अस्तित्व निहित है और यह मनुष्य ही तो साहित्य का केन्द्र है। इसलिए साहित्य को समझने के लिए उस मनुष्य की समझ, उससे सहानुभूति ज़रूरी है और इसके लिए उस मनुष्य के मन, अन्त:स्थल में प्रवेश कर

उसके भावों और मनोविकारों की पड़ताल करनी होगी, उन्हें महसूस करना होगा, उन्हें एक बाह्य सन्दर्भ प्रदान करना होगा।

इसलिए शुक्ल जी के ये निबन्ध बहुत जमे हुए हैं, उनमें अहसास की पकड़ गहरी है, उनमें थोथी शास्त्रीयता नहीं, एक रसवत्ता है, सिर्फ़ अध्ययन नहीं अनुभव का ज्ञान है। और सबसे बड़ी बात, साहित्यिक रचनाशीलता का पुट है।

इन मनोविकारों को शुक्ल जी ने शुद्ध चिन्तन की अन्तरंगता में नहीं, बल्कि लोक-व्यवहार के ठोस सन्दर्भों में समझना-समझाना चाहा है। कल्पना विलास नहीं, जीवन की पकड़ को पुष्ट करते जानेवाले उपक्रम के रूप में उन्हें चित्रित किया है। शुक्ल जी के चिन्तन के पीछे लोक-व्यवहार की नैतिकता का आग्रह है, करणीय और अकरणीय का स्पष्ट विवेक है। उनकी नैतिकता एक यथार्थ पर टिकी है, पर आदर्श की तरफ उसका मुँह है। शुक्ल जी का आग्रह जिस जीवन-पद्धति पर है, उसमें सत्य और आस्तिक मूल्यों (शील, सदाचार, शिष्टाचार के प्रति आग्रह है, पर संसार की विसंगतियाँ, मूल्य-भ्रष्टता और पाखंड से वे अनभिज्ञ नहीं हैं। आदर्श और यथार्थ दोनों की स्थिति शुक्ल जी की विचार-संवेदना में है। वे आदर्श को स्थापित करना चाहते हैं, पर यथार्थ से आँख मूँदकर एक हवामहल में नहीं। आदर्श पर उनकी आस्था है, यथार्थ के प्रति स्वीकार। आदर्श उनमें एक ललक, एक भावभीनापन, एक डुबान, एक तन्मयता पैदा करता है, यथार्थ से उनकी दृष्टि बेबाक और दो-टूक और अभिव्यक्ति चुटीली बनती है।

अपने विवेचन में शुक्ल जी जिस यथार्थ-जगत् का चित्र खींचते हैं, उसे सामने लाते हैं, वह एक ऐसा जगत् है जिसमें अच्छे-बुरे के दोनों पक्ष साफ़-साफ़ विभाजित हैं। [यह हुआ शुक्ल जी का मूल्य-बोध जो निश्चय ही सत्पक्ष की ओर झुका हुआ है।] शुक्ल जी के सामने एक विकल्प मौजूद है, समस्या सिर्फ़ चुनने की है, असत् को छोड़कर सत् के साथ हो लेने के निश्चय की है। उनका यथार्थ सरल और सहज है, उसमें दरारें नहीं हैं। कन्फ्यूजन और दिग्भ्रम और मूल्यों की आपाधापी नहीं है।

'लोभ और प्रीति' में एक स्थान पर प्रेम के व्यापक रूप की चर्चा करते हुए वे कहते हैं—"मेरे देखने में तो वही रामभक्त-सा लगता है जो अपने पुत्र-पुत्री, भाई-बहिन, माता-पिता से स्नेह का व्यवहार करता है, रास्ते की चींटियाँ बचाता चलता है, किसी प्राणी का दुःख देख आँसू बहाता हुआ रुक जाता है, किसी दीन पर निष्ठुर अत्याचार होते देख क्रोध से तिलमिलाता हुआ अत्याचारी का हाथ थामने के लिए कूद पड़ता है, बालकों की क्रीड़ा देख विनोद से पूर्ण हो जाता है, लहलहाती हुई हरियाली को देख लहलहा उठता और खिले हुए फल को देख खिल जाता है।" जीवन के प्रति लगाव का यह सरल चित्र है। उस समय यह सरलता सच थी,

क्योंकि मानव-मन में दरारें और वक्रताएँ न थीं। आज लोक-व्यवहार में वैसी ऋजुता सन्दिग्ध हो उठी है। रास्ते पर चींटी बचाकर चलता हुआ आदमी मात्र इस आचरण से ही भला या संवेदनशील न माना जाएगा, मूर्ख या खब्ती भले मान लिया जाए। आज सद्-असद् का वैसा स्पष्ट विभाजन सम्भव नहीं है। न अन्तरात्मा की साक्षी पर, न लोकमत की साक्षी पर ही कोई चीज़ उचित ठहराई जा सकती है। आज का मूल्य-बोध अधिक जटिल है—जटिल प्रक्रियाओं से होकर गुजरता है।

इसलिए शुक्ल जी के चिन्तन में उनका समय—वह अपेक्षाकृत कम जटिल समय जिसमें मूल्यों के प्रति विवेक ज़्यादा परम्परापोषित था, जब मूल्य बोध ऋजु था, उसके सत् पक्ष पर एक व्यापक आस्था थी [उस पक्ष को 'आदर्श' भी कह सकते हैं]—बोलता है और कहीं पर एक हल्का-सा नॉस्टेल्जिया भी जगाता है। शुक्ल जी के इन्सान की तस्वीर उस वक्त के फ्रेम में किसी एक चरित्रवान, ऋजु, सरल और आस्तिक इन्सान की तस्वीर है।

...'घृणा' और 'ईर्ष्या' नामक निबन्धों में इन दो मनोविकारों के विवेचन के प्रसंग में शुक्ल जी ने समाज के अनेक भीतरी वर्णों का पर्दाफ़ाश किया है। वे समाज के अनेक वर्गों में भीतर तक पैठे हैं और बड़ी सूक्ष्मता से उनकी मनोव्याधियों, विकृतियों का चित्र खींचा है। यह चित्र तथ्यपूर्ण है, उसके वर्णन में एक तटस्थता है।

इससे यह लगता है कि शुक्ल जी अपने समय के समाज की नब्ज को गहराई से जानते थे, अपनी आदर्श-प्रेरित सामाजिकता के आग्रह के बावजूद उन्होंने इस समाज का सरलीकरण नहीं किया; वे उसे वह जैसा था वैसा ही करके देखते थे, उस पर अपनी आदर्शकामी दृष्टि आरोपित नहीं करते थे। यह तय है कि उनके समय का समाज स्थिर [मध्यकालीन मूल्यों के दबदबे के बावजूद] समाज नहीं था, उसमें परिवर्तन हो रहा था, मूल्यों में उलट-फेर शुरू हो चुकी थी, यद्यपि प्रधानता उन्हीं मूल्यों की थी जो परम्परापोषित थे, वे मूल्य अभी भी वैध थे और उनके आधार पर आचरण का विवेक बनाए रखा जा सकता था। उन्हें तोड़ने की चेष्टा प्राय: नहीं थी, वे वरेण्य थे। बहुत सीधी चुनौती और संकट का सामना उन्हें नहीं करना पड़ता था।

पर एक परिवर्तन आ रहा था। विदेशी विचारधाराएँ देश के मानस को, उसके तौर-तरीकों को प्रभावित करने लगी थीं—पूँजीवाद का उदय हो चुका था, अत: जीवन-पद्धति प्राचीन सरल मूल्यों के प्रति समर्पित न रह गई थी। पर मूल्यबोध के फ्रेम में जो सद्-असद् के खाते होते हैं, वे बहुत कुछ बरकरार थे। शुक्ल जी अपने समय के सारे मूल्यगत बदलाव को अब भी उन खातों के तहत विवेचित और व्याख्यायित कर सकते थे। जिस हल्के कटाक्ष और व्यंग्य विनोद से वे 'आज के समय में', 'आज की सभ्यता में', 'आजकल' की चर्चा करते हैं उससे यह लगता

है कि 'आज' वास्तव में उनके लिए कोई गम्भीर चुनौती नहीं पेश करता था। उस 'आज' से-मूल्य स्तर पर—उनकी कोई सीधी टक्कर न थी, क्योंकि वह 'आज' अभी भी हाशिए पर ही था, पूरे जनमानस को पूर्णत: घेरे हुए न था। उसका प्रभाव शायद शिक्षित समाज और शहरों पर ही था, बाक़ी ग्रामीण समाज बहुत अंशों में अभी भी पुराने सामन्ती मूल्यों को जी रहा था।

...'भय' नामक निबन्ध में शुक्ल जी का यह कथन अत्यन्त विचारणीय है—

"एक-एक व्यक्ति के दूसरे-दूसरे व्यक्तियों के लिए सुखद और दुखद, दोनों रूप बराबर रहे हैं और बराबर रहेंगे। किसी प्रकार की राजनीतिक और सामाजिक व्यवस्था—एकाशाही से लेकर साम्यवाद तक—इस दोरंगी फलक को दूर नहीं कर सकती। मानवी प्रकृति की अनेकरूपता, शेष प्रकृति की अनेकरूपता के साथ-साथ चलती रहेगी। ऐसे समाज की कल्पना, ऐसी परिस्थिति का स्वप्न, जिसमें सुख-ही-सुख, प्रेम-ही-प्रेम हो, या तो लम्बी-चौड़ी बात बनाने के लिए अथवा अपने को या दूसरों को फुसलाने के लिए ही समझा जा सकता है।"

इससे क्या यह सिद्ध होता है कि शुक्ल जी व्यक्ति-विषमता में विश्वास रखते थे? या इसकी जड़ भारतीय मनीषा में कहीं है कि वह समष्टि का निरादर न करते हुए भी भेड़-चाल का विरोध करती है और व्यक्ति की विशिष्टता को स्थापित करती है? या इसका मूल उस परम्परागत भारतीय दृष्टि के भीतर कहीं हैं जो समाज में व्याप्त ऊंच-नीच को भाग्यवाद के नर्क से परिभाषित कर डालती है? या यह एक आम भारतीय की अपनी अस्मिता की सनातन भारतीय धारणा का रूपान्तरण है? एकरूपता के स्थान पर बहुरूपता, अपने-अपने कर्मों के अनुसार अपनी-अपनी नियति, यह क्या सनातन भारतीय चिन्तन दृष्टि नहीं है?

पर उपरोक्त उद्धरण से यह नहीं सिद्ध होता कि शुक्ल जी व्यक्ति विषमता को, आर्थिक-सामाजिक विषमता और तज्जनित एक के दूसरे द्वारा शोषण के हिमायती थे। वे यहाँ भी सच्चे अर्थों में भारतीय मूल्यों में आस्था रखनेवाले एक मनीषी ठहरते हैं। वे अन्याय और शोषण का विरोध करते हैं, पर आधुनिक राजनीति-विज्ञान की धारणा में नहीं, उसी परम्परागत भारतीय मूल्य की कसौटी पर। इसी निबन्ध में आगे वे कहते हैं—

"निर्भयता के सम्पादन के लिए दो बातें अपेक्षित होती हैं—पहली तो यह कि दूसरों को हमसे किसी प्रकार का भय या कष्ट न हो; दूसरी यह कि दूसरे हमको भय या कष्ट पहुँचाने का साहस न कर सकें। इनमें से एक का सम्बन्ध उत्कृष्ट शील से है और दूसरी का शक्ति और पुरुषार्थ से।"

इससे स्पष्ट है कि शुक्ल जी का व्यक्ति-विषमता का तर्क उन्हें भारतीय

भाग्यवाद और तत्सम्बन्धी अकर्मण्यवाद की ओर नहीं ले जाता। शुक्ल जी कर्म संघर्ष में विश्वास रखते हैं और इसकी शक्ति उन्हें राम आदि के चरित्र [भारतीय परम्परा] में मिलती है।

मनोविकार सम्बन्धी लेख, जैसे-जैसे हम उन्हें इस पुस्तक में पढ़ते जाते हैं, लगता है मानव राग-विराग के विभिन्न सोपान हैं, जो समग्र रूप में मिलकर साहित्य-भवन का निर्माण करते हैं। शुक्ल जी ने इन सोपानों की रचना बड़ी पुख्तगी से की है। इन मनोविकारों के विवेचन में उनकी लेखनी वैसी ही दौड़ती है मानो वे साहित्य की विभिन्न प्रवृत्तियों का विवेचन कर रहे हों; क्योंकि साहित्य और कला शुक्ल जी की दृष्टि में मूलतः इन मनोविकारों की भित्ति पर ही टिकी है। यह बात बार-बार मन में आती है। मनोभावों की डोर काव्य-क्षेत्र से जुड़ जाती है। एक उदाहरण—"जहाँ उक्त भावना (दु:ख की भावना) निविशेष रहेगी वहीं सच्ची पर-दुखकातरता मानी जाएगी, वहीं क्रोध के स्वरूप को पूर्ण सौन्दर्य प्राप्त होगा—ऐसा सौन्दर्य जो काव्य-क्षेत्र के बीच भी जगमगाता आया है।" (क्रोध)

# उत्तर कथन

## तरुण

आपके समक्ष प्रस्तुत यह पुस्तक 'रामचन्द्र शुक्ल' नामवर सिंह के सम्पादन में पूर्व प्रकाशित मलयज की पुस्तक की पुन:प्रक़ाशित प्रस्तुति है, जिसे बिना किसी काट-छाँट के नामवर जी की भूमिका 'मलयज की संघर्ष मीमांसा' के साथ आपके सामने प्रस्तुत किया जा रहा है। इस पुस्तक में मेरी भूमिका सिर्फ़ पुनर्प्रकाशन के रूप में समझी जाए। बाक़ी सारा काम स्वयं नामवर जी का ही है। मेरी मंशा सिर्फ़ और सिर्फ़ लम्बे समय से अनुपलब्ध इस पुस्तक को उपलब्ध कराने मात्र में निहित है। रामचन्द्र शुक्ल पर आई तमाम पुस्तकों के बावजूद इस पुस्तक की माँग लम्बे समय से महसूस की जा रही थी। नामवर जी के सम्पादन में भी यह पुस्तक राजकमल प्रकाशन ने ही प्रकाशित की थी। इस बार भी राजकमल प्रकाशन समूह ही इस दायित्व को निभा रहा है। इसके लिए उनका जितनी बार आभार व्यक्त किया जाए, कम है।

दु:ख होता है यह जानकर कि जीते-जी अपनी पुस्तकों के प्रकाशन को लेकर मलयज को बड़े पापड़ बेलने पड़े थे। इसका विस्तार से विवरण उनकी डायरी देती है। सम्भावना प्रकाशन से 1979 में आई उनकी पुस्तक जो अशोक वाजपेयी के प्रभाव की वजह से प्रकाशित की जा रही थी, उस पुस्तक के आने में भी इतना ज़्यादा समय लग गया कि जब तक पुस्तक मलयज के हाथों में आई तब तक मलयज के भीतर पुस्तक को लेकर उत्साह ही ख़त्म हो गया। एक प्रकाशक महाशय तो उनकी पांडुलिपि ही पचा गए थे। उसे पाने के लिए भी कैसे-कैसे जतन करने पड़े—इस सबका विवरण स्वयं मलयज लिख कर गए हैं। कितना ही बेहतर होता कि उनके मरणोपरान्त हम वैसी स्थिति न आने देते और इन पुस्तकों को पुनर्प्रकाशित करने

में उत्साह दिखाते। बहरहाल, अब यह पुस्तक प्रकाशित हो रही है और इसके साथ मलयज की अन्य अनुपलब्ध पुस्तकें भी प्रकाशित की जा रही हैं। अपनी भूमिका में नामवर जी ने मलयज और रामचन्द्र शुक्ल के जीवन और स्थितियों में समानताएँ देखी थीं और सही ही देखी थीं। ये समानताएँ मलयज और रामचन्द्र शुक्ल की शैली और दृष्टि में भी दिखती हैं। एक अन्य अर्थ में कहूँ तो शुक्ल जी वो आलोचक हैं जिनसे मलयज ने बहुत सीखा था। मलयज उनका स्टाइल कॉपी करने की कोशिश करते थे। जैसे हम अपने किसी हीरो की कॉपी करते हैं, और नामवर जी ने सही ही कहा है कि शुक्ल जी मलयज के हीरो थे। शुक्ल जी पर मलयज बहुत व्यवस्थित लेखन न भी कर पाए हों लेकिन रामचन्द्र शुक्ल पर उनकी इस अपूर्ण पुस्तक को पढ़कर कोई भी यह कह सकता है कि मलयज का लेखन सही दिशा में जा रहा था। उनकी दृष्टि शुक्ल जी की आलोचना के जिन बिन्दुओं को खोज रही थी वो बिलकुल नए थे। आलोचना में विशिष्टता की जिस खोज की बात विद्वान आलोचक करते हैं, मलयज उसके प्रति बहुत सजग थे।

शुक्ल जी और उनकी रस-मीमांसा पर विचार करने के लिए मलयज ने शुक्ल जी की जीवन-पद्धति, उनके वातावरण, उनके खान-पान और आदतों को अपने जीवन में ढाल लिया था। जैसे कोई मँझा हुआ अभिनेता चरित्र भूमिका निभाने के लिए उसी चरित्र को कुछ समय तक अपना लेता है, वैसे ही एक मोनोग्राफ़ लिखने के लिए मलयज शुक्ल जी के क्षेत्र में प्रवेश करते हैं और उनकी जीवन-शैली को समझने और अपनाने का प्रयास करते हैं। शुक्ल जी पर लिखी मलयज की टिप्पणियों या टीपों को पढ़ते वक़्त यह अनुभव ख़ुद-ब-ख़ुद हो जाता है कि मलयज ने कैसे शुक्ल जी को अपने जीवन में उतारा। शुक्ल जी का देसीपन, प्रकृति प्रेम, परिवेश और उनकी दिनचर्चा तक की बारीक़ियों को मलयज ने समझने का प्रयास किया। यह किसी लेखक को समझने का मलयज का अपना तरीक़ा था। जिस बात को नामवर जी ने भी अपनी भूमिका में इंगित किया है वह है मलयज और शुक्ल जी के बीच की समानताएँ। दोनों का परिवेश एक, दोनों में देसीपन का वही आग्रह, पश्चिम की चुनौती से जूझने की वही कोशिश, प्रकृति प्रेम भी वही और चित्रकारी का शौक़ भी वैसा ही, यहाँ तक कि स्वास्थ्य के मामले में भी श्वास रोग की समानता। इतनी समानताएँ तो दो सगे भाइयों में भी दुर्लभ होती हैं।

मलयज अपनी मृत्यु से पहले साहित्य अकादेमी के लिए रामचन्द्र शुक्ल पर एक मोनोग्राफ़ लिख रहे थे। अपनी मृत्यु से पहले वे इसके दो अध्याय पृष्ठभूमि और जीवन-वृत्त पर लिख भी चुके थे। इन दो अध्यायों के अतिरिक्त छिटपुट पाद-टिप्पणियाँ और एक लेख 'मिथ में बदलता आदमी' भी वे शुक्ल जी पर लिख चुके

थे। एक नज़र में प्रस्तुत पुस्तक अधूरी पुस्तक है जिसे मलयज अपने आकस्मिक निधन के कारण पूरा न कर सके, लेकिन दूसरी नज़र से देखें तो यह पुस्तक कई पूरी पुस्तकों से ज़रूरी पुस्तक है। कारण है इसकी विशिष्टता। मलयज की आदत थी कि वो जिस भी विषय पर सोच रहे होते या जिस भी परियोजना पर काम कर रहे होते, वो उसके सम्बन्ध में अपनी डायरी में टिप्पणियाँ करते चलते। एक तारतम्यता न होने के बावजूद भी ये टिप्पणियाँ जिन बिन्दुओं को रेखांकित करती हैं, उससे मलयज की आलोचना-दृष्टि की विशिष्टता को समझा जा सकता है। शुक्ल जी पर की गईं ये टिप्पणियाँ एक सुगठित आलोचना का अनुभव कराती हैं। ये टिप्पणियाँ भी इस पुस्तक का हिस्सा हैं।

रचना से पहले रचनाकार के परिवेश का अध्ययन मलयज की आलोचना-दृष्टि में महत्त्वपूर्ण भूमिका निभाता है। शुक्ल जी को समझने के लिए उनके परिवेश को समझना मलयज के आलोचक व्यक्तित्व का एक महत्त्वपूर्ण गुण है। आप ग़ौर करें, शुक्ल जी पर लिखने और उन्हें समझने के लिए वे जिन दो पुस्तकों को आधार बनाते हैं, वे हैं, शुक्ल जी के भतीजे चन्द्रशेखर शुक्ल द्वारा लिखी उनकी जीवनी 'रामचन्द्र शुक्ल' और दूसरी पुस्तक स्वयं शुक्ल जी द्वारा लिखी 'रस-मीमांसा'। स्वयं मलयज ने शुक्ल जी की आलोचना को समझने के लिए उनके जीवन को समझना आवश्यक माना और उनका मूल्यांकन करने से पहले शुक्ल जी के भतीजे चन्द्रशेखर शुक्ल द्वारा लिखी रामचन्द्र शुक्ल की जीवनी का अध्ययन किया। शुक्ल जी पर लिखते हुए मलयज उनका रचनात्मक मूल्यांकन करने से पहले उनके रचनात्मक व आलोचनात्मक विकास की प्रक्रिया को जानने के लिए उनके जीवन व उससे जुड़ी स्मृतियों को समझने का प्रयास करते हैं, यह ग़ौर करने लायक़ बात है।

मोनोग्राफ़ का द्वितीय अध्याय 'जीवन वृत्त' मलयज के विवेक और चन्द्रशेखर शुक्ल द्वारा लिखित शुक्ल जी की जीवनी के सौजन्य से सम्भव हो पाया जबकि मलयज की शुक्ल जी पर लिखी अधिकतर टिप्पणियों का आधार शुक्ल जी की पुस्तक 'रस-मीमांसा' बनी जिसके आधार पर मलयज ने निष्कर्ष निकाला कि 'शुक्ल जी ने अधिकांश कवियों की काव्य-समीक्षा-मीमांसा तुलसी, सूर और जायसी आदि की मीमांसा भी एक सहृदय आलोचक की तरह की है। एक कविहृदय व्यक्ति की तरह नहीं। यदि वे ऐसा करते तो दो बातें हो सकती थीं—एक, वे आलोचना ही नहीं लिख पाते। दो, वे उन निष्कर्षों पर न पहुँचते जिन तक वे पहुँचे हैं। काव्य विवेचन की प्रक्रिया ही दूसरी होती।' (टिप्पणियाँ-1 जून, 1975) मलयज के लिए शुक्ल जी की रचनाओं का अध्ययन स्वयं उनके परिवेश का अध्ययन भी था। मलयज शुक्ल जी को समझने के लिए उनके परिवेश को समझने का प्रयास करते हैं। यह

परिवेश स्वयं उनका भी परिवेश है। शुक्ल जी को समझने के लिए आज़मगढ़ के देसी पूरबीपन को समझने का प्रयास करते हैं इसलिए टोंस नदी के किनारे जाते हैं और आज़मगढ़ के धूल में लस्त-पस्त पिछड़ेपन के समाजशास्त्र को समझने का प्रयास करते हैं। यहाँ खड़े-खड़े उन्हें शुक्ल जी की 'रस-मीमांसा' की पंक्तियाँ याद आती हैं, 'जिस प्रकार आत्मा की मुक्तावस्था 'ज्ञानदशा' कहलाती है उसी प्रकार हृदय की मुक्तावस्था 'रसदशा' कहलाती है।' इसी परिवेश में रमकर शुक्ल जी 'हृदय का मधुभार' लिखते हैं। समकालीन सन्दर्भों में काव्य में रहस्यवादिता का विरोध करते हैं।

मलयज की समकालीन समझ और दृष्टि निश्चित ही शुक्ल जी से प्रभावित थी। शुक्ल जी 'रस-मीमांसा' में घोषणा करते हैं 'सौन्दर्य बाहर की कोई वस्तु नहीं, मन के भीतर की वस्तु है।' मलयज के लिए भी सौन्दर्य कोई आसमानी या कल्पनात्मक बोध न होकर अधिक ज़मीनी और यथार्थपरक है, लेकिन वे कोरे यथार्थवादी नहीं हैं। मलयज की दृष्टि यथार्थ की तर्ज़ पर भाव को पकड़ती है। उनके लिए रचना का मूल्यांकन समकालीन सन्दर्भों का सहारा लिये बिना सम्भव नहीं है। निश्चित ही यह भाववादी दृष्टिकोण शुक्ल जी से उन्हें मिला है। शुक्ल जी भी मूलतः भाववादी होने पर भी ज्ञान या बौद्धिकता की तर्ज़ पर अपने समय की रचनाओं का मूल्यांकन करते हैं।

वे वास्तविकता से जुड़ने के क्रम में उस भूमि पर खड़े होने की कोशिश करते हैं जहाँ से पिछली वस्तुस्थिति की समीक्षा कर सकें। शुक्ल जी की समीक्षा से पूर्व मलयज ने उस जीवनानुभव का अध्ययन किया था जिसके बलबूते शुक्ल जी उस अनुभव को अनुभूति में बदल सके। कैसे शुक्ल जी पश्चिम का अध्ययन करते हैं लेकिन अपना भारतीय विवेक नहीं खोते, यह मलयज के आलोचनाकर्म के लिए एक सीख भी थी और अभ्यास भी। शुक्ल जी की 'रस-मीमांसा' को पढ़ते वक्त मलयज के मन में यह विश्वास और पुख़्ता हो गया था कि समीक्षा रचना के अध्ययन के प्रभाव को अपने पर नहीं ओढ़ती बल्कि अपनी ज़मीन के विवेक को बनाए रखते हुए रचना के भीतरी और बाहरी तनाव बिन्दुओं का मूल्यांकन करती है। यही कारण है कि वे शुक्ल जी की दृष्टि को खोज और पड़ताल की दृष्टि मानते हैं। मलयज इस दृष्टि को केवल परम्परा का पिष्टपेषण करने वाली या देश और काल से बँधी दृष्टि मानने के विरोध में खड़े दिखते हैं। उनके लिए शुक्ल जी की यह दृष्टि उनकी स्वयं की समीक्षा का आधार बन गई है। वे शुक्ल जी को समझने के लिए उस मनुष्य को समझने का प्रयत्न करते हैं जो उनकी आलोचना-दृष्टि के मूल में है और सिर्फ़ शुक्ल जी ही क्यों मुक्तिबोध, त्रिलोचन, रमेशचन्द्र शाह की पुस्तकों की समीक्षा के

दौरान भी मलयज उसी मनुष्य की खोज में इन रचनाओं को खँगालते हैं जो शुक्ल जी के आलोचना कर्म के मूल में है। शुक्ल जी को मूलत: भाववादी मानने के बावजूद वे यह भी कहते हैं कि 'शुक्ल जी भाव में पड़कर बढ़ना नहीं, भाव के गुण और धर्म को दृढ़ता से पकड़ना, उन्हें एक पुष्ट सांस्कृतिक एकसूत्रता में नियोजित करना और किन्हीं व्यापक मानक मूल्यों में अर्थान्तरित करना अपनी समालोचना का स्वभाव बनाते हैं। शुक्ल जी के आलोचक उनमें व्याप्त जिस अन्तर्विरोध को उनकी सीमा मानकर चलते हैं। मलयज शुक्ल जी में उस अन्तर्विरोध का विश्लेषण कर, उसे शुक्ल जी के लिए ज़रूरी बताते हैं। वे तो यहाँ तक कहते हैं कि 'बिना इस अन्तर्विरोध के आचार्य रामचन्द्र शुक्ल वह न होते जो कि वे हैं।'

मलयज की समीक्षा की समझ इस पुस्तक में संकलित 'मिथ में बदलता आदमी' नामक लेख में अधिक रचनात्मक व अधिक भीतरी होती दिखी है जिसमें वे शुक्ल जी की समीक्षा का विश्लेषण उनकी पृष्ठभूमि को आधार बनाकर करते हैं। किसी विचारधारा के आधार पर या खेमे के अनुसार नहीं। लेख की शुरुआत वे एक रचनाकार की तरह गहरी अनुभूति में करते हैं जैसे कोई निबन्ध लिख रहे हों। इस लेख की शुरुआत अब तक शुक्ल जी पर लिखी गई समीक्षाओं से सबसे जुदा तरीके से हमारे सामने आती है, 'आज़मगढ़ में टोंस नदी का किनारा। उस पार के खेतों में गेहूँ पक गया था। सफ़ेदीपन लिये पीले डंठल और लगभग कत्थई पड़ चली बालियाँ झुक पड़ रही थीं...। नदी के दोनों किनारों में खूब घनी वन घासें उगी थीं...घाट की सीढ़ियों के पत्थर जगह-जगह से खिसक गए थे।' 'मिथ में बदलता आदमी' की ये आरम्भिक पंक्तियाँ कोई प्रकृति वर्णन नहीं हैं बल्कि आजमगढ़ की धरती और जीवन का वह अनुभव बिम्ब हैं जिस पर वे शुक्ल जी और अपनी आलोचना के औज़ारों को न केवल ढालते हैं बल्कि उसी प्रकृति एवं पिछड़ेपन की अनुभूति पर इन औज़ारों को पैना भी करते हैं। जैसे-जैसे आप शुक्ल जी के सम्बन्ध में मलयज का लिखा पढ़ते जाते हैं आपके दिमाग़ से इससे पूर्व शुक्ल जी पर लिखी समीक्षाओं का असर कम होता जाता है और मलयज शुक्ल जी की आलोचना-दृष्टि को समझाने के क्रम में शुक्ल जी के व्यक्तित्व और उनके जीवन को समझाते चलते हैं। वह जीवन जिसमें सिर्फ़ आज़मगढ़ की प्रकृति ही नहीं थी कि जहाँ शुक्ल जी और मलयज ने अपने जीवन का एक लम्बा अरसा बिताया था बल्कि वे वहाँ के उस पिछड़ेपन—मक्खी-मच्छर, धुआँ, शोर, स्कूल, कचहरी, हलवाई की दुकानों, अख़बार के स्टालों, रंडी और शराब के अड्डों को भी उस जीवन का एक महत्त्वपूर्ण अंग मानकर शुक्ल जी और उनकी समीक्षा के रचनात्मक अंशों का विश्लेषण करते हैं। शुरू में आपको लगता है कि मलयज आज़मगढ़ की प्रकृति और

पिछड़ेपन का समाजशास्त्रीय अध्ययन कर रहे हैं—'धूल में लस्त-पस्त उस मैदान में खड़े-खड़े जिसके पीछे थी प्रकृति और आगे था पिछड़ापन, मुझे रामचन्द्र शुक्ल की याद आई।' लेकिन दरअसल मलयज इस समाजशास्त्र के माध्यम से शुक्ल जी की आलोचना-दृष्टि में व्याप्त उनके ज़मीनी विवेक की महत्ता को स्थापित करते हैं। जिसको साथ लेकर शुक्ल जी पश्चिम की शैलियों और दृष्टियों का अध्ययन करते हैं। शुक्ल जी की आलोचना की अनुभूति को वे उनकी 'रस-मीमांसा' को पढ़ने के अपने अनुभव से विश्लेषित करने का प्रयास करते हैं। 'पिछले कई महीनों से मैं शुक्ल जी की 'रस-मीमांसा' पढ़ता रहा था। उससे उलझता, जूझता, उस पर मुग्ध होता, खीजता, झुँझलाता, चकित होता रहा था। इस समय जबकि मैं उस मैदान में खड़ा हूँ, मुझे याद आईं 'रस-मीमांसा' की वे पक्तियाँ जिनमें आलोचक रामचन्द्र शुक्ल की कटी-छँटी घनी मूँछें, पतली क़मानी का चश्मा, गोल टोपी और मोटी गर्दन से बनने वाली रौबदार मुखाकृति के बावजूद एक सरस-निश्छल और भावुक हृदय के भाव सत्य हैं। वे भाव सत्य शुक्ल जी ने प्रकृति के मार्मिक तथ्यों को बीनकर उन पर अपनी कल्पना का रंग चढ़ाकर रचे हैं।'

मलयज की आलोचना भी उसी ज़मीन पर खड़ी हुई थी जिस पर शुक्ल जी की। शुक्ल जी में आलोचनात्मक संस्कार अधिक था जबकि मलयज की आलोचना में रचनात्मक आग्रह ज़्यादा है। आलोचक की अपेक्षा रचनाकार की हैसियत से रचना का मूल्यांकन करना, मलयज की आलोचना का अनिवार्य गुण है। मलयज शुक्ल जी की 'रस-मीमांसा' का अध्ययन रचनात्मकता की उसी ज़मीन पर करने की कोशिश करते हैं जिस पर शुक्ल जी ने उसे लिखा होगा। मलयज की आलोचना शायद इसी वजह से रचनात्मक अधिक लगती है। उनकी समीक्षा एक मुहावरे 'सर्जनात्मक तनाव' का बार-बार प्रयोग करती है। यह सर्जनात्मक तनाव न केवल उनकी समीक्षाओं में बल्कि रचनाओं में भी देखने को मिलता है। बाहर का न सही लेकिन भीतर का एक ज़रूरी अन्तर्विरोध उनमें हमेशा रहता है। शायद 'भीतर' के इसी अन्तर्विरोध की वजह से वे द्वंद्वात्मकता के उस अहसास से भर जाते हैं जो समीक्षा की बुनियादी और अनिवार्य शर्त है।

मलयज की समीक्षा की यह अपनी विशेषता है कि वह स्वयं को साहित्य चिन्तन की इन दो धाराओं एवं दृष्टियों से बचाते हुए अपनी एक निजी एवं नई दृष्टि निर्मित करते हैं। इस दृष्टि की विशेषता यह है कि पाश्चात्य विचार-दृष्टियों का गहन अध्ययन करने एवं उनसे प्रभावित होने के बाद भी मलयज की समीक्षा अपनी ज़मीन का विवेक नहीं खोती बिलकुल शुक्ल जी की तरह। कई बार अहसास होता है कि शुक्ल जी की 'रस-मीमांसा' की समीक्षा करने के दौरान

मलयज कहीं अपनी समीक्षा के सिद्धान्तों का ही विवेचन तो नहीं कर रहे थे। वे शुक्ल जी के सम्बन्ध में कहते हैं, "एक वह जिसने हिन्दी की विचारशक्ति को देसी साँचे में ढालकर समालोचना के नए औज़ार गढ़े। एक ओर जिसने पूर्व और पश्चिम के द्वंद्व में अपनी ज़मीन का विवेक नहीं खोया और उससे बड़ी बात यह कि अपनी भाव संवेदना के कपाट सदा खुले रखे।" मलयज के शुक्ल जी के सम्बन्ध में कहे गए ये वाक्य हमें स्वयं मलयज की समीक्षा-दृष्टि का परिचय देते जान पड़ते हैं।

किसी लेखक को समझने के लिए उसके परिवेश का अध्ययन मलयज व उनकी आलोचना के लिए आधारबिन्दु का काम करता है। उनकी दृष्टि रचना और रचनाकार को उसके परिवेश को अपनाए बिना आगे नहीं बढ़ती, बल्कि रचना या रचनाकार के अध्ययन के दौरान उसका परिवेश, उसकी प्रकृति मलयज के लिए एक ज़रूरी आधारबिन्दु बनती है। जनजीवन एवं परिवेश से ऐन्द्रिक जुड़ाव रखने पर भी अपने भीतर बौद्धिक सजगता बनाए रखना मलयज के कृतित्व का एक अनिवार्य गुण है। यह गुण शुक्ल जी की रचनाओं और 'हिन्दी साहित्य के इतिहास' में हमें देखने को मिलता है। रीतिकाल में केशव, देव आदि की तुलना में घनानन्द जैसे कवि को वे अपनी सराहना का मूल्य देते हैं चूँकि वे घनानन्द को अपने समय के अधिक क़रीब पाते हैं, 'लक्षणा का विस्तृत मैदान खुला रहने पर भी हिन्दी कवियों ने उसके भीतर बहुत ही कम पैर बढ़ाया। एक घनानन्द ही ऐसे कवि हुए हैं जिन्होंने इस क्षेत्र में अच्छी दौड़ लगाई। लाक्षणिक मूर्तिमत्ता और प्रयोग वैचित्र्य की जो छटा इनमें दिखाई पड़ी, खेद है कि वह फिर पौने दो सौ वर्ष पीछे जाकर आधुनिक काल के उत्तरार्द्ध में, अर्थात् वर्तमान काल की नूतन काव्यधारा में ही, 'अभिव्यंजनावाद' के प्रभाव से कुछ विदेशी रंग लिये प्रकट हुई।' जिस प्रकार शुक्ल जी ने घनानन्द को अपने समय के अधिक क़रीब पाया था और न सिर्फ़ अपनी प्रशंसा का मूल्य ही इस कवि को दिया था बल्कि तत्कालीन परिस्थितियों व उसके समकालीनों से उनका तुलनात्मक विश्लेषण भी किया था और उपरोक्त निष्कर्ष पर पहुँचे थे, वैसे ही मलयज भी शुक्ल जी के सम्बन्ध में लिखे अपने एक महत्त्वपूर्ण लेख 'मिथ में बदलता आदमी' में शुक्ल जी की पश्चिम को देखने की दृष्टि के सम्बन्ध में इस निष्कर्ष तक पहुँचते हैं, "शुक्ल जी के कई रूप हैं। एक रूप वह जिसने 'हिन्दी साहित्य का इतिहास' लिखा और गोया हमें वह झरोखा दिया जिसमें बैठकर न सिर्फ़ साहित्य के इतिवृत्त का बल्कि उसे सम्भव बनाने वाली हवा-पानी-मिट्टी का भी जायज़ा लिया जा सके। एक रूप वह जिसने छायावाद से लोहा लिया। एक वह जो 'हृदय का मधुभार' हल्का करने के लिए स्मृतिजीवी कवि बना। एक वह जिसने

हिन्दी की विचार-शक्ति को देसी साँचे में ढालकर समालोचना के नए औज़ार गढ़े। एक ओर जिसने पूर्व और पश्चिम के द्वंद्व में अपनी ज़मीन का विवेक नहीं खोया और उससे बड़ी बात यह कि अपनी भाव संवेदना के कपाट सदा खुले रखे।"

मलयज शुक्ल जी के पूर्व और पश्चिम के द्वंद्व में अपना ज़मीनी विवेक न खोते हुए भी अपनी भाव संवेदना सदैव जागृत रखने वाले रूप से सर्वाधिक प्रभावित दिखते हैं। इसी ज़मीनी विवेक को आधार बना वे 'ब्रदर्स करमाजोव', 'इवान', 'ज्यां क्रिस्तोफ़' और 'द मेकिंग ऑफ़ ए पोएम' का पाठ भारतीय साहित्य और समाज की ज़मीन पर करते हैं। स्पेंडर की 'द मेकिंग ऑफ़ ए पोएम' को पढ़ते हुए इसकी प्रतिक्रिया देते हुए वे भारतीय ज़मीन पर इस रचना को परखते हुए टिप्पणियाँ करते चलते हैं। 'कविता पढ़ो तो एक कवि की हैसियत से नहीं, एक साधारण पाठक की तरह यानी न आलोचक की तरह न कवि की तरह। कविता लिखो, लेकिन कवि की तरह नहीं। कविता बस आदमी की भाषा में हो और कुछ नहीं। इससे ज़्यादा की कोशिश कविता में आदमी को कवि बना देती है और कविता को जीवनहीन।' कहने का तात्पर्य यह है कि शुक्ल जी पश्चिम का अध्ययन भारतीय विवेक के आधार पर कर रहे थे। शुक्ल जी का समय पश्चिमी ज्ञान की उत्कृष्टता का समय था। ऐसे समय में शुक्ल जी उससे मुँह मोड़ने की अपेक्षा उसका ज्ञानार्जन करते हैं और इसी ज्ञान को पश्चिम से लोहा लेने का आधार भी बनाते हैं। वे पश्चिमी ज्ञान को पूरब की आग में तपा रहे थे। पश्चिम के लिए उनकी भाव संवेदना के द्वार तो खुले ही हुए थे लेकिन पश्चिमी ज्ञानार्जन के लिए शुक्ल जी ने ही पहल की। अपने समय को सिर्फ़ पूरब के ज्ञान की ज़मीन पर समझना और पश्चिम को दुत्कार देना उनके वैचारिक खुलेपन की मानसिकता के लिए सम्भव नहीं था। मलयज का कहना है कि शुक्ल जी ने पश्चिम को जीवनानुभूति के स्तर पर नहीं लिया, उनका साक्षात्कार उसके साथ जीवनानुभूति के स्तर पर नहीं हुआ, सोचने का यह एक महत्त्वपूर्ण बिन्दु है। पश्चिम से उनकी टक्कर और मुठभेड़ मुख्यतः वैचारिक स्तर पर थी, जो शुक्ल जी के वैचारिक खुलेपन के कारण ही सम्भव हुई।

दरअसल शुक्ल जी पश्चिम से मुठभेड़ करते हुए पूरब के जिस पिछड़ेपन के समाजशास्त्र को अपने जीवनानुभव के आधार पर अपनी 'रस-मीमांसा' और 'हिन्दी साहित्य के इतिहास' में गढ़ते हैं, मलयज उसी पिछड़ेपन को शुक्ल जी की 'रस-मीमांसा' के पाठ के दौरान महसूस करते हैं। आज़मगढ़ में टोंस नदी के किनारे खड़े होकर शुक्ल जी की समीक्षा को समझने की कोशिश दरअसल शुक्ल जी के परिवेश ही नहीं बल्कि पूरब के पश्चिम से पिछड़ जाने के कारणों को तलाशने की कोशिश के साथ उसके समाजशास्त्र को समझने की कोशिश भी है। इसकी

मूल्यवत्ता यह है कि शुक्ल जी से होते हुए यह दृष्टि मलयज में भी प्रभावस्वरूप कहें या परिवेशगत आ गई है।

शुक्ल जी की समीक्षा को समझने के लिए मलयज ने पहले उनके जीवन और संघर्षों को जाना-समझा था। शुक्ल जी के जीवन की संघर्ष मीमांसा को समझे बिना वे उनकी 'रस-मीमांसा' का ऐसा पाठ शायद नहीं कर सकते थे जिसकी प्रतिक्रियाएँ टिप्पणियों के रूप में मलयज की पुस्तक 'रामचन्द्र शुक्ल' में दर्ज हैं। शुक्ल जी के जीवन के संघर्षों का विस्तृत ब्योरा चन्द्रशेखर शुक्ल द्वारा लिखित शुक्ल जी की जीवनी में मिलता है। चन्द्रशेखर शुक्ल ने शुक्ल जी का स्वास्थ्य सम्बन्धी और गृहक्लेश का ब्योरा दिया है। शुक्ल जी का जीवन कई कठिनाइयों से भरा जीवन था। उसमें उनके दमे की बीमारी, पत्नी और विमाता की अनबन, पैसों की तंगी आदि उनकी कठिनाइयों को और बढ़ाते थे। चन्द्रशेखर शुक्ल लिखते हैं—'वे साल में आठ महीने किसी न किसी रोग से पीड़ित रहते थे। चैत्र और क्वार के आस-पास तीन महीने तो दमा हर साल ले लेता था। बीच के दिनों में क़ब्ज़ और बवासीर दोनों उन्हें सताया करते थे। इनसे बचे कुछ महीनों में सिरदर्द अपना हिस्सा लगाता था। परिवार की आर्थिक दशा ऐसी न थी कि वे अपने स्वास्थ्य के लिए कुछ अधिक कर सकते। उसके योगक्षेम के प्रयत्न में अधिक परिश्रम करने में भी उनका स्वास्थ्य सुधर न सका। 1918 में पिता के स्वर्ग चले जाने पर पूरे बीस आदमियों के सम्मिलित कुटुंब का भार उन पर आ पड़ा। नौ दुर्गाओं के विवाह की चिन्ता ने उन्हें और भी चिन्तित बना दिया। इस तरह परिवार की नाना समस्याओं को हल करने के लिए उन्हें अधिक परिश्रम करके इधर-उधर से धन जुटाना था।' शुक्ल जी का परिवार 1893 ई. में मिर्ज़ापुर आया था जहाँ से शुक्ल जी 1908 ई. में काशी चले गए। मलयज इस 23 वर्षों के इतिहास को शुक्ल जी की संस्कार-चेतना और व्यक्तित्व-निर्माण का इतिहास कहते हैं। मलयज ने मिर्ज़ापुर को, जहाँ शुक्ल जी ने अपनी युवावस्था का जीवन जिया शुक्ल जी की संस्कार भूमि और काशी को उनकी कर्मभूमि माना है। मलयज द्वारा शुक्ल जी पर लिखी गई समीक्षा के आधार मलयज ने उनके जीवन के संघर्षों से उठाए। सम्भवतः इसीलिए नामवर सिंह ने मलयज द्वारा लिखी 'रामचन्द्र शुक्ल' पुस्तक की भूमिका को 'मलयज की संघर्ष मीमांसा' शीर्षक से संबद्ध किया है। मलयज ने शुक्ल जी की रस-मीमांसा का अध्ययन शुक्ल जी के जीवन-संघर्षों को ध्यान में रखकर किया। एक तरह से हम कह सकते हैं कि मलयज ने शुक्ल जी की 'रस-मीमांसा' को स्वानुभूत दायरे में लाकर विश्लेषित किया। मलयज ने 'रस-मीमांसा' के अध्ययन के दौरान उन अनुभवों की जाँच-पड़ताल करने की कोशिश की है जो शुक्ल जी द्वारा 'रस-मीमांसा' की रचना के केन्द्र में मौजूद थे।

मलयज शुक्ल जी से केवल प्रभावित ही नहीं हैं बल्कि मलयज की समीक्षा-दृष्टि का विकास काफ़ी हद तक शुक्ल जी के पदचिह्नों पर चलकर ही हुआ है। युगीन दबावों और परिस्थितियों ने जिस प्रकार शुक्ल जी के व्यक्तित्व का निर्माण किया था मलयज की समीक्षा-दृष्टि का विकास भी अपने समय के समानान्तर हुआ। मलयज ने न सिर्फ़ शुक्ल जी की समीक्षा में प्रयुक्त शब्दों को अपनाया, बल्कि आलोचना की शैली भी उनसे सीखी। इसीलिए मलयज द्वारा की गई समीक्षाएँ उस अकादमिक या बँधे-बँधाए ढाँचे पर नहीं चलतीं जहाँ अधिकतर लेखक अटक जाया करते हैं। मलयज ने शुक्ल जी के जीवन-संघर्षों, रचनात्मक-आलोचनात्मक अवदान पर जितनी समझदारी और मौलिकता से लिखा है वह निश्चित ही उन्हें अन्य समकालीन आलोचकों से अलग रुतबा दिलवाता है।

पुस्तक को पुनर्प्रकाशित करवाने एवं सम्पादक का दायित्व मुझे सौंपने के लिए मैं मलयज जी की धर्मपत्नी श्रीमती ज्योत्स्ना मलयज एवं उनके परिवार के प्रति अपना आभार एवं धन्यवाद ज्ञापित करता हूँ और इस पुस्तक को सम्पादित कर मैं मलयज की स्मृति को नमन करता हूँ। इस पुस्तक को प्रकाशित करने के लिए मैं राजकमल प्रकाशन समूह के प्रबन्ध निदेशक श्री अशोक महेश्वरी एवं साथी सत्यानन्द निरुपम के प्रति आभार व्यक्त करता हूँ। कितना अच्छा होता अगर यह पुस्तक नामवर जी के जीवनकाल में ही प्रकाशित हो पाती। उनसे हुई बातचीत में जब मैंने उनसे मलयज की अनुपलब्ध पुस्तकों के पुनर्प्रकाशन की योजना पर बात की थी तब उन्होंने मेरा बहुत हौसला बढ़ाया था, वे होते तो आज बहुत ख़ुश होते, आदरणीय नामवर जी की स्मृति को नमन और मलयज की पुस्तक रामचन्द्र शुक्ल को सबसे पहले पाठकों के समक्ष लाने के लिए उनका धन्यवाद। और अन्त में मलयज के प्रशंसकों और मित्रों के प्रति अपनी कृतज्ञता ज्ञापित करता हूँ जो मलयज की पुस्तकों के आने की उम्मीद काफ़ी लम्बे समय से लगाए बैठे हैं। उम्मीद है पहले की ही तरह मलयज की पुस्तकों को साहित्य समाज हाथोहाथ लेगा।

दिल्ली
15.01.2021

✪✪✪